Eine kurze
Geschichte der
Betriebswirtschaftslehre
Günther Schanz

経営経済学の歴史

ギュンター・シャンツ=著

深山　明=監訳

関野　賢+小澤優子+柴田　明=訳

中央経済社

Eine kurze Geschichte der Betriebswirtschaftslehre
by Günther Schanz
Copyright © 2014 by UVK Verlagsgesellschaft mbH,
Konstanz / Germany
Japanese translation rights arranged
with UVK Verlagsgesellschaft mbH
through Japan UNI Agency, Inc., Tokyo

監訳者序文

　2015年5月27～29日にドイツ語圏の経営学会（VHBの第77回年次大会）がヴィーン経済大学で開催された。いつものように，多くの出版社がブースを構え，出版物を展示していた。そのような出版社の1つであるUVK社の展示物の中にシャンツ教授（Prof. Dr. G. Schanz）の新しい書物があった。それは小冊ながら興味深いものであった。帰国後にあらためて内容を検討し，また，さまざまな事情を考慮した上で，翻訳することを決意した次第である。

　シャンツ教授は，1943年の生まれで，マンハイムの大学（Universität Mannheim）で経営経済学を学び，同大学で博士学位および教授資格を得た。そして，1977年から2008年までゲッティンゲンの大学（Georg-August-Universität Göttingen）の教授であった。専門領域は，企業管理，人事経済，組織，経営経済学の方法論などである。

　本書は，経営経済学と科学プログラムの展開を関係づけることによって「経営経済学の簡潔な歴史」を明らかにしようとするものである。したがって，それは単なる経営経済学の小史ではない。かかる考察様式は，原著者が強調しているように，ホーキング（S. Hawking）の有名な*A Brief History of Time*（林一訳『ホーキング宇宙を語る』早川書房，1992年）なる書物に触発されたものである。

　シャンツ教授の近著が，関野　賢，小澤優子，柴田　明の3氏によって翻訳された。まことに喜ばしいことである。この訳書が日本における経営学の研究と教育に貢献することができれば幸いである。

2018年1月元旦

深山　明

日本語版への序文

　経営経済学においては，日本とドイツの少なからぬ研究者が長い間にわたって意見の交換を行ってきた。それが伝統となっている。私は，多くの機会を通して，日本の同僚たちが依然としてドイツの経営経済学の歴史と発展方向に大きな関心を持っていることを知った。また，個人的な話し合いと観察の機会を得て，さらに，日本の研究者による社会心理学や言語学に関する出版に接することによって，私は経営経済的に重要な現象を説明する際の文化的な意義についての理解を深めることができたのである。

　2014年に出版された*Eine kurze Geschichte der Betriebswirtschaftslehre*（経営経済学の簡潔な歴史）が日本語に翻訳され，出版されることは，私にとって喜びであり，非常に名誉なことである。翻訳に関わったすべての人々，とりわけ関西学院大学の深山　明教授ならびに㈱中央経済社に対して感謝申し上げたい。

　ドイツ語版の序文から，私がいかなる思考に導かれて「簡潔な歴史」という言葉を用いたかということを知ることができよう。私は，科学理論的・方法論的な側面の意義を明確にしたかったのである。それは，論究されるテーマの選択と（批判的な）説明に関して，決定的に重要なのである。

　2017年1月，ゲッティンゲンにて

　　　　　　　　　　　　　　　　　　　　　　　ギュンター・シャンツ

ドイツ語版の序文

　経営経済学の歴史の始まりを商科大学の成立に求めることが通例となっている。商科大学はライプツィヒとヴィーンに最初に創設され（1898年），その後，ケルンおよびフランクフルト（1901年），ベルリン（1906年），マンハイム（1908年）などに開設された。商科大学設立の決定は，研究と教育を効果的に行うための適切な制度的枠組みが必要とされたという事実によって，正当化されるのである。今日的な観点から考えると，その当時に生まれた商科大学がそのことを可能にしたということから出発することは許されよう。しかし，個別経済的に重要な認識が商科大学設立のかなり前から存在し，たとえば官房学として応用され，効果を上げていたことを忘れてはならないのである。このことはさておき，商科大学創設の決定を出発点とすると，経営経済学は比較的若い学問であるということになる。その（学問としての）歴史を跡づけることは，科学史家のクーン（Thomas S. Kuhn）が折に触れて述べているように，寓話や年代記を超えるものでなければならないのである（Kuhn [Struktur] 17）。このことに配慮するために，科学理論的・方法論的な理念と確固たる信念が援用される。それらは，時間の経過において変化するコンセプトに対して，いわば物差しとして適用され得るのである。

　内容的には，経営経済学の歴史はいわゆる科学プログラムの併存と変遷の過程とみなされる。このことは私の眼にとって望ましい選択と結びつくのである。それは，100年以上も前から経営経済学において蓄積された，あるいは，経営経済学の外部から受け入れられたきわめて多くの学問的貢献からの選択ということになる。

　私見によると，科学プログラムにしたがって，広範な問題群に考察を集中させることには，経営経済学の歴史を比較的簡潔に（下線は監訳者）論述することができるというメリットがある。私は本書のタイトルで，このような特異性

に対して注意を喚起したいと思ったのである。タイトルがホーキング(Stephen Hawking)のA Brief History of Timeに触発されていることは明白である。視点を変えると，私は，経営経済学の歴史を語るのではなくて，歴史を問題とすることで，意識的にさまざまな論説を取り上げたいと考えたのである。

　つねづね思っていることであるが，何よりもまず，*Eine kurze Geschichte der Betriebswirtschaftslehre*（経営経済学の簡潔な歴史）は高学年の学生にとって有用である。おそらく，彼らは，いろいろな大学教員から与えられた知識をより広い世界である歴史に関連づけ，そのことによる知識の体系化を有益であると感じ得るであろう。次に，実務家も本書を精読することによって多くのものを得ることができるであろう。とくに，彼らは，実践的な活動の後で自らの学習の過程を回顧し，さまざまなことをリフレッシュさせたいと願っているのである。

　本書の内容は経営経済学の簡潔な歴史に過ぎないのではあるが，何年も前に生まれたものである。その論述は，ベア(F. X. Bea)，ディヒトゥル(E. Dichtl)およびシュバイツァー(M. Schweitzer)編著の『一般経営経済学』(1983〜2009年の間に多くの版を重ね，後年，編著者がベアとシュバイツァーになり今日に至っている)に収録されている私の論稿が基礎となっている。旧稿に加筆修正を施し，1冊の書物として出版できたことに感謝している次第である。

　2014年2月，ゲッティンゲン

ギュンター・シャンツ

目　次
Inhalt

監訳者序文　　i
日本語版への序文　　iii
ドイツ語版の序文　　v

第 I 部　序説

第 1 章　準備的考察　3

第 II 部　科学理論的な基礎

第 2 章　科学の包括的目標　9
第 1 節　科学的な説明の追求：認識的目標　10
第 2 節　自然的事象と社会的事象の支配：実践的目標　13

第 3 章　方法論的叙述の対象としての科学プログラム　17
第 1 節　包括的な問題複合体としての科学プログラム　17
第 2 節　科学プログラムの礎石としての指導理念　19

第 4 章　科学プログラムと多元主義　21

第1節　多元主義的な科学の営みの擁護　21
　　　第2節　多元主義的観点と科学のルール　23

第Ⅲ部　経営経済学と科学プログラムの再構築

第5章　傑出した先駆者　29

　　　第1節　オイゲン・シュマーレンバッハ
　　　　　　―技術論としての経営経済学および経済性という理念―　30
　　　第2節　ヴィルヘルム・リーガー
　　　　　　―「理論」科学としての経営経済学と収益性という理念―　35
　　　第3節　ハインリッヒ・ニックリッシュ
　　　　　　―倫理・規範的な経営経済学と経営共同体という理念―　39

第6章　学際的研究の黎明　45

　　　第1節　エーリッヒ・グーテンベルク
　　　　　　―新古典派志向的な経営経済学の研究―　46
　　　第2節　エトムント・ハイネン
　　　　　　―経営経済学の門戸を人間科学に開放する―　57
　　　第3節　ハンス・ウルリッヒ
　　　　　　―システム論的・サイバネティクス的な観点と経営経済学―　66

第7章　補足と若干の拡張　79

　　　第1節　労働志向的個別経済学　80
　　　第2節　経済活動の環境関連性
　　　　　　―エコロジー規定的な経営経済学の概要―　91

第8章 新制度主義と行動理論的経営経済学　103

　　第1節　新制度主義
　　　　　　―所有権,取引コストおよび権限委譲関係―　104
　　第2節　行動理論的経営経済学
　　　　　　―人間科学的な観点における組織と市場―　117
　　第3節　2つのアプローチの融合と分離　128

終　章　139

文献目録　147
人名・事項索引　155
訳者あとがき　157

Günther Schanz

第 I 部

序説

Einführender Überblick

第1章
準備的考察

Einführender Überblick

　この書物の叙述は，**科学理論に関する準備的考察**から始められる。それは，経営経済学の歴史に関する通常の教科書とは異なった説明の仕方である。そのような準備的考察が，内容的には科学そのものなのである。本書では，科学理論やその方法論に関する多くの問題の中から，次のような問題が取り上げられる。

- 科学の包括的目標
- 科学プログラムの形式における科学理論に関する方法論の考察対象
- 科学多元主義もしくは代替的思考の重要性

　これらによって，**判断基準**が得られる。「ドイツ語版の序文」で述べたように，この判断基準は，物差しのように経営経済学の科学プログラムを測り，さらに経営経済学全体の問題状況を評価することを可能にするのである。

　すでに言及したように，商科大学は，経営経済に関する知識の伝達に貢献するだけでなく，研究の場すなわち**知識創造**（Wissensgenerierung）の場でもあった。本書では科学における人間的要因をも加味して，当該分野の傑出した先駆

者が示される。彼らは、革新を推進し、その学問の発展にとって永く維持される価値を生み出したのである。彼らと科学プログラムとを関連させると、下記のようになり、まずはこの3人の理論が説明される。

- オイゲン・シュマーレンバッハ（Eugen Schmalenbach）による**技術論としての経営経済学**（Betriebswirtschaftslehre als Kunstlehre）
- ヴィルヘルム・リーガー（Wilhelm Rieger）による**「理論」科学としての経営経済学**（Betriebswirtschaftslehre als "theoretische" Wissenschaft）
- ハインリッヒ・ニックリッシュ（Heinrich Nicklisch）による**倫理・規範科学としての経営経済学**（Betriebswirtschaftslehre als ethisch-normative Wissenschaft）

次に、**経営経済学における非学際的研究から学際的研究への転換**が示される。この転換プロセスは、1950年代初期に始まり、1970年代中頃にまで及んだ。それに関しては、3つのアプローチが見られる。

- エーリッヒ・グーテンベルク（Erich Gutenberg）による生産性関係的な科学としての経営経済学
- エトムント・ハイネン（Edmund Heinen）による意思決定志向的経営経済学
- ハンス・ウルリッヒ（Hans Ulrich）によるシステム志向的経営経済学

さらに、特殊な時代の問題状況から影響を受けた2つのプログラムが取り上げられる。

- 労働志向的個別経済学
- 環境志向的経営経済学

労働志向的個別経済学はエピソードとしての関心も高いが，歴史的な観点から依然として注目されている。その意味で，このプログラムは，短い期間ではあるが，**経済学の代替的アプローチ**として一定の役割を担ったのである。環境のテーマが継続的な重要性を持つことは明らかであり，経営経済学でも1980年代の初めから非常に注目され始めた。

　最後に，2つの構想が取り上げられる。第1の構想では，新古典派における伝統的思考の限界を**制度の前堤や経済行為の結果を考慮する**ことによって克服することが追究された。第2の構想では，経営経済学における学問領域の限定を，**人間科学への体系的統合**によって克服することが試みられた。具体的には，次の2つが挙げられる。

- **新制度主義**
- **行動理論的経営経済学**

　これらの2つのアプローチが構成論的に関係づけられる場合，明らかに相容れないであろうと思われる2つのプログラムの**共通点**，とりわけそれらに固有のポテンシャルを補完する可能性について吟味しなければならない。

　「終章」においては，著者が目の当たりにしている経営経済学の現況について言及することにしたい。

第 部

科学理論的な基礎

Wissenschaftstheoretische Grundlagen

　すでに述べたように，科学の目標，科学プログラムの特徴的なメルクマール，ならびに，科学の多元主義への賛否に関する問いは，経営経済学の枠組みを超えている。これらの問いは，科学全体に向けられたものである。それらは，**科学理論**もしくは**方法論**の論究において考察されることとなる。ここでは，次のように概念を定義づける。

> 科学理論（Wissenschaftstheorie）は認識論の部分領域であり，科学論（Wissenschaftslehre）あるいは狭義の方法論とも称される。科学理論の対象は科学それ自体であって，それはさまざまな科学の専門領域において得られた成果ならびにそこで利用された方法である。科学理論が科学における合理的な考え方の可能性を示すことで，その理論が（**目的適合的な**）**問題解決行動の技法**となるのである。

第2章
科学の包括的目標

Globale Wissenschaftsziele

　多くの細かい相違は別として，すべての科学にとって，2つの包括的目標が考えられる。第1の目標は，人間が高度に発展した**知識欲を持つ存在**であるということから導かれる。つまり，人間は，「何かを知るために，何かを行う」存在である（Lorenz［Weltbild］75）。第2の目標は，**状況改善に努めること**に関連している。そして，知識欲を高める行動と状況改善に努めることの間に一定の関係が存在していると推測されるが，そのことには十分な根拠がある。科学の目標設定を念頭に置くと，次のように表される。

> 人間の知識欲，知的好奇心および知識への渇望は，時には**認識の成長や認識の進歩として表される認識への関心**の現れである（**科学の認識的目標（kognitives Wissenschaftsziel）**）。
>
> さらに，人間は常に生活上の問題を克服しようとしている。科学がこのことに貢献するのであるから，**形成への関心**が取り上げられる（**科学の実践的目標（praktisches Wissenschaftsziel）**）。

第1節　科学的な説明の追求：認識的目標

認識のための認識のようなものがあるということに関しては，しばしば違和感を覚える。古代ギリシアにおける科学の理解では，それは自明のことであった。当時の科学の理解は科学的認識と応用によって完全に支配されていた。それが今日のわれわれの世界観に大きく影響を及ぼしていることから，認識目標（cognoscere, lat. = erkennen）には，明らかに重要性が与えられるのである。同時に，このような理念を志向する科学の企てが，純粋な自己目的となり得ないということも明らかである。

> 科学の認識目標の背後にある知識欲は，人間が認識や森羅万象に関する知識を追求するということに根ざしている。したがって，それは，1つの特殊な欲求を表したものである（Albert [Erkenntnis] 43）。

科学的な認識の追求は，主として**理論（Theorie）**に反映される。いわゆる現実科学（または，経験科学，実在科学あるいは実証主義科学）において，それは言語による形成物とみなされ，それによって，現実の一端についての構造的特質が描写されるのである。まさにその意味において，ときおり，理論は科学者が「〈世界〉を捕まえるために，すなわち，世界を合理化し，説明し，支配するために」投げ込む網に例えられる。同時に，認識の成長または認識の進歩という理念が取り上げられる。「われわれは，その網の目を絶えず細かくする仕事に従事している」（Popper [Forschung] 31）のである。

有用な理論を用いて，日食，景気循環，あるいは，経営に大きな影響を及ぼすに違いない度重なる欠勤のような，現実に起こる現象が説明される。**説明の**ためには，単に理論もしくは理論的な法則性だけが必要とされるのではなくて，

説明が求められている事情を成立させるより詳細な状況についての知識も必要とされるのである。後者は，周辺的条件，初期条件，適用条件あるいは先行条件とも称される。次の2つの例によって，このことが何を意味しているのかということを示したい。

　まず，上述した日食のような現象を取り上げる。これは自然科学の領域の現象であり，（もちろん今日の認識状況を基礎とすることによって）簡単に説明される。そのためには，ケプラーの第1法則（「惑星は，太陽を中心とした楕円軌道上を動く」），ならびに，特定の時点での地球，月および太陽の位置（付随的条件）に関する特殊な知識が必要とされる。

　もっとも，ここで挙げられた例は，自然科学にとってはむしろ変則的なものである。そのことは正確な予想の可能性ということに関して当てはまる。すなわち，かなり一般的できわめて観念的な星辰の位置関係という状況が存在する。というのは，われわれの住む太陽系の惑星は（ほとんど）孤立的で，固定的で，循環的な運動をするものと考えられるからである。同様に，自然科学に属する他の説明でも，かなり複雑な初期条件が仮定されている。

　第2の例としては，病気以外の理由で職場を欠勤するという現象が何に起因しているのかということの説明を取り上げることにする。それは経営経済学・人間科学の範疇に入る。なぜなら，人間特有の行動様式が問題となるからである。

　それゆえ，まず人間の行動についての理論的認識が必要とされる。それに関して，とりわけモチベーション理論が想起され得る。個人が何の動機もなく仕事を休むことはないということが，ある程度納得できるからである。さらに，場合によっては，労働状況が考察されなければならない。なぜなら，その状況が不満のきっかけになり得るからである。その際，（経営の雰囲気，仕事の特性，報酬制度などの）労働状況は周辺的条件の集合である。このコメントは，すでに説明問題が相当に複雑であることを明らかにしている。それゆえ，これに関して必要とされる理論および必要とされる知識に対する貧弱ないくつかの指摘以上のものを与えることは可能ではなかったのである（これに関して，詳しく

は Schanz［Personalwirtschaftslehre］329 ff.を参照）。

　2つの例では，理論的な法則性（第1のケースでは，ケプラーの法則，第2のケースでは，モチベーション理論の原理）が，周辺的条件と説明されるべき現象を論理的に結びつけている。かかる理論的な法則性は，原因・結果・関係を示しているのである。

　素描的ではあるけれども，この2つの例は，次のように定義することに役立っていると考えられる。

> 特定の事情を**説明する**ということは，理論的法則や一定の周辺的条件から論理的・演繹的にその事情を推論するということである。

　理論的法則性は，**一般的な**事実，たとえば，考えられ得るすべての天体およびそれらの宇宙における動きあるいは個人的な動機によって制御される行動に関係するのである。それに対して，周辺的条件に関しては，たとえば，特定の星の位置あるいは個人の**具体的な**労働状況といった**特別な**事情が問題になる。

　法則性や周辺的条件は，一般的に**説明項**（Explanans）と称される。説明が求められている現象が**被説明項**（Explanandum）である。関連文献において，しばしば次のような描写が見られる。それはヘンペル=オッペンハイムの図式と言われている。

```
法則性      G₁, G₂, G₃…Gₙ  ⎫
初期条件    A₁, A₂, A₃…Aₘ  ⎬ 説明項
論理的演繹        E           被説明項
```

法則性	$G_1, G_2, G_3 \cdots G_n$	⎫
初期条件	$A_1, A_2, A_3 \cdots A_m$	⎬ 説明項
論理的演繹	E	被説明項

　科学の認識目標についての（非常に簡単な）コメントから，自然科学の方法と社会科学の方法の間には，原則的な相違がないということがわかる。その際，

共通点は**戦略的な**レベルに関係する。すなわち，「法則性に基づく理論的説明のプログラム」（Albert［Praxis］38）について述べられるとおりである（戦術的なレベルについては，異なる独自の方法がとられる。たとえば，アンケート調査によっては生命を持たないものを解明することはできないであろう）。

上述したような理論的法則性が確かな知識を保証**しない**ということを指摘して，認識目標に関する詳論を終えることにする。このことは，周辺的条件または初期条件にも当てはまる。それらは「理論的加工を施されている」ので，原則として「確かではない」とみなされるからである。説明目標に身を捧げる科学は，**原則的に誤りを犯す作業**でもある。

第2節　自然的事象と社会的事象の支配：実践的目標

科学は，しばしば実践の「助力者」や「奉仕者」としての機能を果たすことを要請される。この役割は，最初の部分で述べられた生活問題の克服との関連において見られる。その場合，認識には二次的な意味のみが与えられ，むしろ，自然事象や社会的事象の**支配**が重要となる。このことで，戦闘的なことが考えられているわけではない。**科学のお陰で作用可能性が拡大され**，個人や人類全体にとって著しい改善がもたらされたのである。ただエコロジーの問題点からの体験に基づいて考えると（それだけに限定されるわけではないが），同時にかなりの不利益が発生することも明らかである。

もちろん科学による（明示的な）支援がなくても，自然的事象や社会的事象に影響を及ぼすことは可能である。たとえば，あらゆる手工業者は何らかの形成の役割を果たしている。その際，彼らは習得した能力や一般的な経験則を用いる。確かに，いわゆる**応用科学**とりわけ科学技術が一定の成熟度に達した後に，ようやく広範囲にわたる様式の変化が生じるのである。それらは想像もできないような範囲において今日の世界に影響を及ぼしている。

このような可能性はいかなることに還元され得るのか。その解を求めるには，

応用科学において本来的に何が行われるのかということが明らかにされなければならない。名称の意味を考えると，そこではまず何かが応用されなければならない。応用科学は，必然的に，既存の知識すなわち科学の認識目標もしくは理論目標の追求によって生み出される知識に基づいている。このことから，次のことが確認される。

> **認識的目標**と**実践的目標**の間には密接な関係が存在する。理論的認識は実り豊かな行動の本質的な前提である。

この結びつきはしばしば見落とされ，時には否定されることもある。このことは，理論家の関心事と実務家の関心事の間に存する決して否定され得ない相違に還元してもよいであろう。理論家は，現実の構造的な性質に関する言明が**真実**であるか否かということを重視する。それに対して，実務家は，（しばしば効率性を追求した）**実践的成果**，すなわち技術的あるいは社会的システムが**機能するか否か**ということを重視する（Bunge［Research Ⅱ］126）。このような相違を考えることは，理論および実践の関係あるいは認識および行動の関係をしばしば不十分な光の中で見るようなものである（Schanz［Methodologie］76 ff.）。

もちろん，特定の科学，とりわけ経済科学の領域においては，**記述**もしくは**叙述**にかなりの重要性が認められる（Schweitzer［Wissenschaftsziele］3 f.）。それらの重要性は，国民経済の計算制度や**経営の計算制度**において見られるのである。

経営の計算制度では，企業の経済的に重要な関係を数量的に把握し，それらを特定の目標のために利用できるように加工し，そして評価する**情報システム**が問題となる。このような言語による内容確定の中に，経営の計算制度の叙述機能または説明機能を看取することができる。言うまでもなく，そこで把握さ

れ加工された数値だけでは，上述の意味における経営事象を説明できないのである。このプロセスは，ある一定のすぐれて選択的な方法で描写されているに過ぎない。なぜなら，このプロセスは，経済組織における現実の出来事について選択された局面のみを問題にしているからである（たとえば，その描写は，企業で働く個人の給付モチベーションや仕事の満足感については何も明らかにしていない）。その限りにおいて，計算制度では，**記述モデル**が意味を持つのである。それは，次のように定義づけられる。

> **記述モデル**は叙述機能または説明機能を持つ。古典的な例としては，経営の計算制度や国民経済の計算制度がある。

経営の計算制度の（第一義的な）目的を考えると，このような記述モデルの価値は少なくとも暗黙のうちに認識される。経営の計算制度においては，経営経済的に重要な状況判断や意思決定のための**情報**を提供する補助手段が問題となる。したがって，実際的な形成に関する記述モデルにも重要性が認められるのである。

第3章 方法論的叙述の対象としての科学プログラム

Wissenschaftsprogramme
als Objekte methodologischer Erörterungen

　個々の学問の歴史を再現すると，次のようなことが明らかである。すなわち，一般にそこにはかなり包括的な**問題複合体**が存在し，それらの解決のために，科学者たちによるかなり大きな共同体が分業的に努力を続けているのである。その際，事実関係を適切に記述するには狭すぎるのではあるが，それを理論と言わなければならない。たとえば，物理学におけるニュートン理論，(社会)心理学における期待値理論，あるいは，国民経済学における新古典派理論が想起される。ほとんどの場合，**研究プログラム**，**認識プログラム**ならびに**科学プログラム**が広く構想されており，したがって，それらは方法論の考察についての重要な基盤となるのである。さらに，これらのプログラムの中心に特定の**指導理念**（Leitidee）があるということが明らかである。ここでは詳しく説明しないが，指導理念には道標の機能が認められる。そのことによって，以下のような2つの節のテーマについて論究されることとなる。

第1節　包括的な問題複合体としての科学プログラム

　科学の成果を評価するために不可欠な方法論的な考察は，長い間，次のよう

な問題に限定されていた。

■仮説および理論とは何か。
■理論が真であるか否かということがどのようにして確認され得るか。
■科学的な推測と非科学的な推測とでは何が異なるのか。
■理論は世界を変えることができるのか。

　これらの問いは非常に重要である。すでに述べられた包括的な問題複合体が個別科学の中で議論の対象となることを考えると，科学理論もしくは方法論におけるある種の空白部分が明らかになる。科学史の研究によると，とりわけクーン（*Thomas S. Kuhn*）やラカトシュ（*Imre Lakatos*）によってその空白は埋められたのである。
　クーンは，とりわけ『科学革命の構造』というタイトルの研究によって有名になった。この著書は1962年に出版され，後年に方法論の議論にきわめて大きな影響を及ぼした。クーンの中心命題たる科学において，「ある特定の科学的な共同体によって一定期間は彼らの研究の基盤として認められる」成果が存在する（Kuhn［Struktur］28）。当初は，そのことはほとんど世間から注目されなかった。それに続く精密な考察によってようやく，そのような科学の成果が何故に次世代の科学者に対して当該研究領域での認められた問題や方法を定めることができるのかということが明らかになるのである。第1に，それらは「熱心な支持者のグループを魅了するほど」**前例がなくユニーク**である。第2に，それらは「新しい特定の専門家グループに解決すべきあらゆる問題を委ねるほど」**開放的**である（Kuhn［Struktur］28）。この2つのメルクマールに適合する科学の成果を，クーンは**パラダイム**（Paradigma）と称した。このパラダイムという概念によって，一般に，理論あるいは仮説とは何かということ以上のものが認識されるのである。
　クーンの分析は自然科学の領域における事例に基づいているが，経済科学や

人間科学の状況にもその一部は転用できる。たとえば，（社会）心理学においては学習理論的な慣習と認識的な慣習，国民経済学においては伝統的に「古典派」，「新古典派」および「ケインズ主義」が区別される。大まかな説明（あるいは，それほど厳密な尺度が用いられない場合に時として推奨されるもの）において，経営経済学でも，クーンによって定式化された条件──「前例のないユニークさ」と「開放性」に基づく魅力──を満たす科学プログラムが認められるのである。

同様に，ラカトシュ（[Falsifikation]）は，**科学的研究プログラムの方法論**によって包括的な問題複合体について考察することを試みている。たとえば，他のことに重点が置かれる場合でも，クーンのパラダイムへの接近が見られる。ラカトシュは，1つの研究プログラム（ここでは，科学プログラム）を，理論の全体的な帰結として理解する。これは，多くの自然科学において認識上の成果を評価する場合に見られるような考えである。現在の経営経済学（おそらくは社会科学の全体）の状況に関しては，このラカトシュの方法論は決して言葉通りではないが，その意味に則して応用可能であるように思える。これに関して必要なバリエーションは次の節において取り上げられる。

第2節　科学プログラムの礎石としての指導理念

科学プログラムの中心には何らかの**指導理念**があり，それはいわば**体系を構成する基本的思考**である。代替的に存在するいろいろな構想を評価する際に，それらの構想がそれぞれの指導理念に合理的に結びつけられているという限りにおいて，この事実は重要である。

ラカトシュ（[Falsifikation] 129 ff.）による具象的な用語を用いるならば，指導理念は科学プログラムの「ハードコア」であるということができる。それゆえ，それは，科学プログラムの中核となる構成要素，すなわち最も重要な構成要素なのである（詳しくは，Schanz [Grundlagen] 15 ff.を参照）。それに

関しては，実在科学あるいは現実科学内においても，必ずしも，すでに練り上げられ，維持されてきた理論だけが常に取り上げられなければならないわけではない。ときおり，ハードコアが上述した道標あるいは**発見的方法**（Heuristik）として機能するということが重要である。要約すると，次のように表される。

> **指導理念**は指針として解釈され得る。指導理念によって戦略的な方法が示唆され，それに基づいてさらなる問いの設定が触発される。その意味において，指導理念には発見的な機能が認められるのである。

さらに，指導理念およびそれに内在する発見的なポテンシャルは，経験的素材に眼を向けさせる。それらは，最初はまったく認識されていなかったか，あるいは，完全な構造が与えられていないと思われていた。指導理念は，場合によっては簡単に認識可能でない形成可能性への注意を喚起するので，それは，時には実務において重要であり，経営経済学においても大きな意義を持つのである。

確かに，指導理念には**両面価値性**が内在している。ある意味において，それは**目隠し**の如くに作用する。なぜなら，科学的な関心（そして，それによって触発される実践）はある特定の方向へと導かれ，考えられる他の可能性をまったく視野に入れない（あるいは，入れることができない）からである。この事実を目の当たりにして，ある種の**正当化問題**が生じるように思える。言い換えると，なぜ特定の指導理念に従うのかということが，慎重に根拠づけられなければならないのである（このことに関する詳細は，第8章第2節を参照）。

第4章
科学プログラムと多元主義

Pluralismus als Merkmal lebendiger Wissenschaft

　多元主義（Pluralismus）を問題にする際，たいていの場合において，政治的なプログラムが考えられている。たとえば，多元主義的と言われる社会がある。そこでは，社会の構成員は，ある一定の範囲に限定されるが，さまざまなライフスタイルを選択することができる。

　多元主義は科学的認識の領域に関しても有用であるのか。この問いに答えることはとりわけ重要である。なぜなら，科学の最も重要な課題は，絶対的で確固不動の**真理**を見つけることにあると信じられているからである（しかし，このことは個別的には非常に困難であるだろう）。このような問題設定とは異なり，多元主義的な認識モデルは，真理を単なる主観的な事柄として片付ける認識理論的な相対主義という結果にならないのであろうか。

第1節　多元主義的な科学の営みの擁護

　多元主義を以下のように擁護する際に，科学の成果が奥深いところでは**人間による働きの結果**であるということを最初に想起することは有益である。このような考え方は，一見すると通俗的であるように思われるかもしれないが，そ

れは認識の領域において十分に理解された多元主義を正当化するのである。このことは次のように表される。

> 人間が行うことには**誤り**が混入している。それどころか，科学の歴史は結局は誤りの連続である。もちろん，一部では著しく示唆に富むものもある。

　もちろん，科学において出会うのは誤りだけではない。そのような誤りは，時として限定されたものであり，しばしば克服されることもある。さらに，そのような誤りの克服は，代替的な観点（場合によっては**代替的な科学プログラム**）を用いることによって，とりわけ効果的に行われ得る。代替的な観点あるいは代替的な科学プログラムは，従来の考察での欠点を明らかにし，より良い別の説明を提供するからである。多元主義の積極的な支持者であるファイヤーアーベント（*Paul K. Feyerabend*）は，そのことについて印象的な共通分母を定式化した。それには科学プログラムの**倫理的次元**をも巻き込んでいるのである（Feyerabend［Methodenzwang］68）。

> 「客観的な認識のために，われわれは多様な理念を必要とする。そして，多様性を促進する方法は，人間の理解と一致する唯一のものでもある。」

　上述したように，科学は非常に多くのことに取り組み，誤りを発見し，そして，克服しなければならない。その意味では，できるだけ多くの代替的な観点，理論あるいは科学プログラムを展開するという要請は変えられない。したがって，一方では，科学のある分野が唯一のパラダイムによって「支配される」ことは問題であろうし，他方では，複数のアプローチの拘束力のない併存も疑わしいように思われる。前者の場合は１つの**ドグマ**が問題となるし，後者の場合には**ドグマ多元主義**（Dogmenpluralismus）が問題となる。その相違は決して大き

くないであろう。平和的な共存は有益な政治的指令であるかもしれない。活発な科学においては，他のルールを適用することが重要である。

多元主義という擁護するに値しない方法は，多くのスープを魅力的にする塩を明らかに欠いている。科学においては，**批判**（Kritik）が，とりわけさまざまな構想における「切磋琢磨」の形で，塩の役割を担っているのである。したがって，次のように表される。

> 科学は，**活発な理念の競合**として，したがって「競合する多元主義」を踏まえて組織化されなければならないであろう。

このような見解が，別の方法を首肯する一定の帰結をもたらすに違いない。批判を弁護する人は，その批判それ自体を実践に移すことを躊躇しないであろう。それゆえ，後の章においては，各々の経営経済学的な科学プログラムが単純に併置されない。むしろ，そのことが必要と思われる場合には，批判的な見解もあらかじめ考慮されている。言うまでもなく，その際には見通す力が必要である。周知のように，スープにあまりにも多くの塩を入れると，われわれの味覚神経は著しく反応するのである。つまり，度を越した批判は科学におけるコミュニケーション関係を著しく損なうように思える。

第2節　多元主義的観点と科学のルール

科学を「ゲーム」として解釈するという考えには，少し慣れることが必要であろう。他のゲームの場合，われわれは，プレーヤーとして積極的に，見物者として受動的に参加するのであるが，科学がそのようなものに準えられているのである。

ゲームでは，ゲームの特徴や魅力は，プレーヤーが遵守すべきいくつかのルー

ル，たとえば，サッカーのオフサイド，テニスのタイブレーク，チェスのキャスリングから得られることもある。また，それほどドキドキするものではないがゴルフのOBからも得られるのである。それぞれのゲームは，ルールによって決定的に特徴づけられる。ときには，ルールが守られているか否かということを審判が監視する。

科学というゲームもルールに基づいている。たとえば，規範や標準が想起されるが，それらは経験的研究において守られることが想定されている。しかし，科学におけるルールは，スポーツにおけるルールほど拘束力を持たない。むしろ，まったく異なる科学というゲームも行われるのである。

理念多元論的な科学のゲームはいかなるルールに従うのか。ここでは，それが優先するに値するいうことを証明しようとしたのである。以下のようなルールが思い浮かべられる（Spinner [Pluralismus] 32 f.）。

- 新しい理念の普及は阻止されてはならない。むしろ，その普及は体系的に支援されなければならない（**繁殖の原理（Prinzip der Proliferation）**）。
- 理念多元主義は，理念の競合として組織化されなければならない（**批判の原理（Kritikprinzip）**）。
- 認識の進歩を妨げる理念は排除されなければならない。それらが発見的もしくは経験的な力を失っているからである（**排除の原理（Prinzip der Elimination）**）。
- これまで理論的にはまだ成熟していないが，発展の可能性がある新しい構想は，特別な保護を必要とする（**新しい理念に対する特別保護の原理（Prinzip des Sondersschutzes für junge Ideen）**）。
- 今日ではあまり説得力があるとは思えない古いアプローチも保護が必要である。なぜなら，科学の歴史において，思いがけないルネサンスの例が珍しくはないからである（**保存の原則（Prinzip der Bewahrung）**）。
- 1つのものだけを支持するという要求は，認識の進歩にとって有害である。

目下のところ代替的なものが存在しないということが,「支配的な」アプローチの特別な強みとはみなされてはならない。

この記述から,「競合する多元主義」に特徴的なゲームのルールがある特定の**科学倫理**を根拠づけることを読み取ることができる。科学の日常においてそれに従うことは簡単なことではない。そして，ここで理論に関して優先的に述べられたことは，第3章第1節および第2節で述べられたメルクマールによって科学プログラムにも転用され得るのである。その際，もちろん，包括的なプログラムを多元主義的に組織化された科学の営みから取り除くことが困難であることは明らかである。しかし，科学の歴史は，そのことが不可能ではないということをも示している。周知のように，コペルニクス（*Kopernikus*）以降，われわれは，自分たちが生活している世界を，これまで普通に見ていたのとは異なるやり方で見ることを余儀なくされた。同様に，ラヴォアジエ（*Lavoisier*）による酸素の発見は広範囲に及ぶ結果をもたらした。ただし，それを直接的に感知することはできない。したがって，たとえば，経済科学の部分領域において依然として根付いている*経済人*（*homo oeconomicus*）という観念を乗り越え，適切な人間像に置き換えることが，なぜ不可能なのであろうか。

このことをもって，これまできわめて一般的に捉えられていた叙述から，経営経済学特有の問題および経営経済学において見出され得る科学プログラムへと問題は移行することになる。もちろん「一般的なものへの小旅行」も必要である。なぜなら，それに基づいて経営経済学の内部における状況をいささか適切に評価することが可能となるからである。

一般論の考察は，**人間科学的な側面**で終えられねばならない。（経営経済学であろうと，他の領域であろうと）科学の営みにおいて，有力な構想がいわば自動的に広く受け入れられるという無邪気な仮定が行われ得ることに気をつけなければならない。周知のように，修正された上で認識の領域にも応用され得るダーウィン流の自然淘汰の原則は，最高に発展した種ではなくて，最適に適

応した種に生存の機会を与える。理念の競争においては，そのようなことは想定されないか，あるいは，想定されていてもそれは少し違っているであろう。たとえば，最もよく適応したプログラムが，どのような理由であれ，（少なくとも一時的に）際立った妥協案として示されたり，あるいは，認識あるいは形成の進歩にとって妨げとなる偏りのあるものとして示されたりすることが考えられる。経営経済学に関して文献の再検討を待ち望むという科学社会学的な事実は，方法論の厳粛さは適切な理由や最高の良心によって拒否され得るのである。

第 **III** 部

経営経済学と科学プログラムの再構築

Rekonstruktion betriebswirtschaftlicher
Wissenschaftsprogramme

　科学理論に関する必要な考察を終えたので，以下においては，経営経済学が中心に据えられる。その記述は，経営経済学における**科学プログラムの簡潔な歴史**として理解されるものである。読者においては，一般的な歴史考察の形態を採らないということに注意していただきたい。むしろ，**再構築**が問題とされる。それは，先行するアプローチの特徴的な指導理念を浮き彫りにし，批判的に論評することを第一義的な目的としている。時には，若干の補完も行われる。

第5章
傑出した先駆者

Herausragende Wegbereiter

　前述したように，経営経済学の歴史は商科大学の創設で始まったが，その歴史の中には一連の代表的な研究者たちが存在した。彼らの学問的著作はとりわけ影響力が大きく，そして，彼らはその著作によって直接的あるいは間接的に現在の経営経済学やその研究方法論に影響を及ぼし，場合によっては，代替的な立場の開陳を促したのである。

　以下においては，次の3人の研究者の経営経済学の方法論や内容を簡単に取り上げる。

■オイゲン・シュマーレンバッハ　Eugen Schmalenbach（1873-1955）
■ヴィルヘルム・リーガー　Wilhelm Rieger（1878-1971）
■ハインリッヒ・ニックリッシュ　Heinrich Nicklisch（1876-1946）

　彼らを対比することの魅力は次のことにある。すなわち，考察様式が問題とされ，それを通じて優位性の評価に関する議論が激しく闘わされたのである。その意味では，経営経済学が初めから非常に生き生きとした科学であったことが明白である。

30　第Ⅲ部　経営経済学と科学プログラムの再構築

　グーテンベルク（Erich Gutenberg）は，自分の研究の歩みを回顧する中で，経営経済学の著作に詳細に言及し（第6章第1節），そして，1920年代前半を「その領域に対する科学的基盤が築かれ」，経営経済学が「自らが科学であることを自覚した」（Gutenberg［Unternehmung］18）時期とみなしたのである。今日の観点は当時のそれとは異なっているが，古い時代に見られた論争文化は比較的よく見通せる（内容に関する）テーマ設定を背景としていることもあって，十分に理解することができるのである。その頃のテーマ設定の対象は，とりわけ，適切な**計算制度の形成**や貸借対照表作成問題などであった。それらに少し遅れて，原価計算の問題も考察された。このことは，いわば大きな共通の分母であって，それに基づいて「生成期における科学」としての経営経済学はスタートしたのである。その後，経営経済学の対象は著しく拡がり，そのことによって，初期に見られた論争はひとまず収まった。そのことは，科学の研究に携わる者として追体験することができる。その後，対象は1950年代の初めに再び拡がり，斯学は激しい論争によって「揺り動かされた」のである。現在のところ，これが収束するのはまだ先の話であると思われる。したがって，まず第1に，方法論に関してきわめて興味深い三大巨頭たるシュマーレンバッハ，リーガーおよびニックリッシュを取り上げる。

第1節　オイゲン・シュマーレンバッハ
―技術論としての経営経済学および経済性という理念―

　厳密に考えると，商科大学の創設によって始まった学問を「経営経済学」と称することは，概念的な観点において適切ではない。アーヘン，ライプツィヒあるいはヴィーンにおいては，「商業経営学」が教えられた。その後，他の商科大学でも「商業経営学」が教授されたのである。このことは，当時設立されたアカデミックな機関の名称にも現れている。今日の経営経済学において工業生産は中心的問題であるが，この工業生産の問題が新しい学問において当初は

重要視されなかったり，技術工学の分野に帰せられることが一般的であったという意味で，商業経営学という名称が用いられた。

この問題については，かなりの時期を経てからシュマーレンバッハが取り上げた。このことは，「基礎概念の再構成」（Hundt［Theoriegeschichte］42）と結びつけられる。その際，「商業経営学」から「経営経済学」への名称変更は簡単には行われなかった。なぜなら，その間の時期に「私経済学」という名称が定着したからである。以上のことから，次のことが確認される。

> シュマーレンバッハは，厳密な意味での**経営経済学の創設者**と見なされる。彼はこの学問の今日的な名称を与えたのである。

オイゲン・シュマーレンバッハ
Eugen Schmalenbach（1873-1955）

シュマーレンバッハは多くの業績を残しているが，体系的な著作を残してはいない。彼の思考や著作は，貸借対照表作成，資金調達および原価計算という複雑な問題に関係する。その後，彼は経営管理や経営組織ならびに経済秩序の問題にも取り組んだ。その際，記念論文集や直接の発言において確認できるように，彼にとっては「完結した体系（クローズド・システム）を展開することも……一般理論を見つけ出すことも……」（Kruk／Potthoff／Sieben［Schmalenbach］280）重要ではなかったのである。

それにも拘わらず，彼の学説を再構成してみると，少なくとも2つの中心的な思考が認識される。

> 第1の指導理念は，経営経済学がいわゆる**技術論（Kunstlehre）**として展開されなければならないというシュマーレンバッハの見解である。これは，方法論上の基本思考である。第2の指導理念は内容に関係しており，**経済性**という理念が問題となる。

以下においては，このことが何を意味するのかということをできるだけ簡単に説明する。

技術論としての経営経済学と第1次方法論争

1912年に，シュマーレンバッハは，論文「技術論としての私経済学」を公表したが，そのタイトルには（明白な）目的が現れている。そこからは，まず，その当時，従来の学問名称（商業経営学）が非常に狭義に用いられていたこと，さらに，後に用いられるようになった名称（経営経済学）はまだ定着していなかったことを読み取ることができる。もちろん，この論文で扱われた基本的な問題は，われわれにとって重要である。

この論文は論争のためのものであったが，そこでは主として2人の国民経済学者ヴァイヤーマンとシェーニッツが著した「科学的私経済学の基礎付けと体系化および大学と高等専門学校におけるその育成」（[Grundlegung]）という研究が取り上げられている。この論争は**第1次方法論争**として，この領域の歴史に記されている。まず，この論争では，今日ではもはや議論の題材とならないような問い，すなわち，この学問が**科学（Wissenschaft）**として構想されるのか**技術論（Kunstlehre）**として構想されるのかという問いが議論の対象となったのである。

シュマーレンバッハによる批判の背景を理解するために，まず，彼にとって「科学」が何を意味するのか，そして，彼が「技術論」との対立軸をどこに認めるのかということに言及しなければならない。言葉通りに考えると，科

学は**哲学的**であるが，技術論は**工学的**である。より正確には，「『技術論』は行動規則を提示し，『科学』はそれを提示しない」（Schmalenbach［Kunstlehre］491）のである。そして，他の箇所では，「私はいわゆる『科学』に不信感を抱いている。科学は人間精神の完全性に依拠したものであるが，この精神は当てになるものではない。技術論が科学と並び存しているところでは，技術論はより確実で，より信頼に値する」（Schmalenbach［Kunstlehre］496）と述べられている。

シュマーレンバッハの技術論と彼が考える「科学」との隔たりは，彼の全著作を貫く基本思考と関係している。すなわち，彼によると，技術論として構想されない学問は，「経済的成果がいかにして経済的価値の可能な限り少ない費消によって実現されるのか」（Schmalenbach［Kunstlehre］494）という主要な関心に応えることができないのである。このような主張においてわれわれが遭遇するのは，以下で考察される**経済性という理念**以外の何ものでもない。

今日の観点からすると，シュマーレンバッハは科学と技術論を対照させていたように思える。このことは，まことに不幸なことであったと考えねばならない。このような対照は，もっぱら当時の問題状況を背景に理解され得るのである。シュマーレンバッハが**実践志向的経営経済学**の熱烈な支持者であると認められるなら，誤解はより少なくなるであろう。彼が技術論をテクノロジー志向的であると強調しているとすれば，そのような解釈も当てはまる。もちろん，このことによって，シュマーレンバッハが理論家ではなかったとみなされるわけではない。彼は，実践から取り出された「純粋な」「理論」に対する嫌悪を決して隠そうとしない。そのことゆえに，シュマーレンバッハの名は，彼に捧げられた上述の記念論文集において確認されるように，「理論と実践との間の有益な相互作用というトレードマーク」（Kruk/Potthoff/Sieben［Schmalenbach］279）となったのである。そのことが全面的に首肯され得るか否かということは，ここでは未解決のままにしておこう。ただ，シュマーレンバッハが原則として理論的考察を拒絶していないということは確かである。

経済性という理念

シュマーレンバッハの基本思考は，上述のような**資源利用節約の原理**という形における経済性という理念である。それは，通常は，経済的と言われる観念である。しかしながら，今日では，このような理念が直感的に理解できると考えられているが，当時の状況を考慮すると，この理念はかなり重要であり，それは当時の支配的な考え方からの決別であった。このことは，支配的であった考え方の中でも，とくに経営経済学の関心が経営にあるのか，企業にあるのかという純粋に概念的な問題としての原初的な問いに関わっていた。それを少し先に進めると，次のようなシュマーレンバッハの基本的な態度表明となる。彼にとって関心があるのは「工場としての工場（言い換えると，経営としての経営）」であって，企業の運営ではなかったのである（Schmalenbach [Kunstlehre] 319）。この主張の衝撃は，歴史的背景を考えると理解しやすい。このことは，以下のような文言から明らかである。

> 「従来は，企業家の事業を明確な輪郭をもつ法律により定められた資本単位として把握することが支配的であり，それは比較的問題のない考察様式であった。すなわち，企業においては，生産が行われ，生産物が販売され，そして，投下資本に対して可能な限り大きな利益が獲得されるものと考えられていたのである。
>
> つまり，それは貨幣工場としての企業であった。それに対して，経営は技術的単位とみなされ，とりわけ工業においては，作業場，工場，製造所など資本単位とは明らかに異なるものとして区別されていた。したがって，企業か経営かということは問題にならなかった。なぜなら，経営は資本利用に奉仕するものであって，換言すれば，商業的観点が技術的観点を支配していたからである」（Hundt [Theoriegeschichte] 49）。

それゆえ，シュマーレンバッハは経営を企業またはその所有者から切り離し

たのである。そのことにより，経済的経営が技術の側面に歩み寄ることになった。そのときから，彼は「私経済学」という名称を拒絶し，—周知のように—その学問を私経済学ではなくて「経営経済学」と称することが適切であると考えたのである。

最後に，このような初期のアプローチが（第2章第2節で議論された意味において）もっぱら**記述または叙述**（Beschreibung bzw. Deskription）のためであるということが確認されなければならない。このことは，**経営の計算制度の発展**に対する数多くの刺激が，この学問の老大家によって生み出されたということから明らかである。もっとも，その重要性は十分に評価されていない。支出，費用および原価（または，収入，収益および給付）の相違は今日では自明のことであるが，その相違は彼に源を発するか，もしくは，彼の名前と不可分的に結びついているのである。

同じことは，固定費と変動費の重要な区別に対して，さらには，いわゆる計算価格を用いた経営管理の（非常に現代的な）理念に対して当てはまる。その他には，理論的な意味において焦眉の問題に関しても妥当する。これらの貢献は，科学史研究者のみが関心を持つのではない。シュマーレンバッハはこの分野に確固たる輪郭を与え，今日まで守られている思考様式を形成することに決定的な役割を果たしているのである。最後にこのことを確認しておきたい。

第2節　ヴィルヘルム・リーガー
　　　　—「理論」科学としての経営経済学と収益性という理念—

学問における**思考の代替**がつねに重要な役割を果たすということは，シュマーレンバッハとリーガーの著作を対比させることによって，きわめて明確になる。また，その他の点でも，リーガーは，「経営経済学の多くの論者の見解と明確に異なる立場に立ち」，「論理的な理由から，また，他の論者の見解との差別化を図るために，自らの学問に〈私経済学〉という名称を与えた」（Köhler

［Wissenschaftslogik］88）のである。それゆえ，1928年に初版が出された彼の主著にも『私経済学入門』というタイトルがつけられたのであった。

> 方法論的には，リーガーは**理論的立場の代表者**である（もちろん，このことに関してはさらに説明が必要である）。内容上の基本思考は**収益性**という理念である。

以下では，2つのことを詳細に考察する。

ヴィルヘルム・リーガー
Wilhelm Rieger（1978-1971）

リーガーによる理論の理解

リーガーの「理論的立場」に関しては，彼自身が述べたように，「人間の行為の説明したがって特殊なケースとしての経済的行為の説明」（Rieger［Privatwirtschaftslehre］45）が重要である。一見すると，このように定式化することによって，彼が述べたような人間科学[1]志向的な構想が念頭に置かれ

---

1) 原著ではSozialwissenschaftという概念が用いられている。通常，これは「社会科学」と訳される。しかし，Gesellschaftswissenschaftという意味での「社会科学」と峻別するために，また，その意味するところを顧慮して，これに「人間科学」とう訳語を当てる。できるだけこのような方向で統一を図っているが，Sozialpsychologie, Sozialphilosophie, Sozialsystemなどについては，すでに市民権を得ている「社会心理学」，「社会哲学」，「社会システム」という慣例的な訳語を用いる。

ているような印象を受ける。もっとも，実践においては決してそのことは前提とされ得ないのである。

　シュマーレンバッハと対立するリーガーの立場は，たとえば基本的な意見表明としては，私経済学が生活に対して直接的に干渉してはならないという主張となって現れる。私経済学の唯一の役割は，「物自体としての研究および教育」（Rieger [Privatwirtschaftslehre] 81）であった。そのような自己抑制を放棄すると，「科学者」と実務家またはマネジャーとを言葉通りに区別することは不可能である。

　それゆえ，リーガーによって主張された「人間の……行為を説明」する際に満たされるべきであった理論的要求は，実際には単にプログラムの段階に止まっていたのである。このことは，ある批判者が述べたように，「現実の問題性の大部分を捨象したこと」（Köhler [Wissenschaftslogik] 105）に起因している。しばしば，リーガーのアプローチにおける高度な内部完結性や統一性が強調されるが，それらは相対化されなければならない。リーガーの構想の方法論的な評価は，経済的事象がいかにして当時の企業において生起していたかということを説明するという彼の試みが「広い範囲で挫折せざるを得ないという事態を招来したのであり」，「リーガーは，企業における経済行為を説明するのではなくて，定義上完成の域に達した言明システムを提供したに過ぎない…」（Jehle [Fortschritt] 58）のである。

収益性という理念

　シュマーレンバッハとリーガー，すなわち代替的な指導理念としての「経済性」と「収益性」の対立関係は，経営経済学において長い間の関心事であった。シュマーレンバッハの有名な「技術論 − 論文」における所見で，このことは次のように明確に表されている。「問題は，実際にいかにして多くを稼ぐのかということではなくて，生産物をいかに経済的に生産するのかということである」（Schmalenbach [Kunstlehre] 494）。

収益性の側面に固執することで，リーガーは，ある意味では収益性という理念を蘇らせようとしたのである。それによると，企業は「貨幣工場」であり，それゆえ，利益追求は企業の「本質的な」特質である。シュマーレンバッハは，経済性論によってこれを批判したのである。ちなみに，絶対的な数値としての利益は適切な比較基準とならないので，利益は投下資本に結びつけられなければならない。周知のように，これが収益性の一般的な定義である。

もちろん，リーガーは，利益がある特定の歴史的経済形態である「資本主義」もしくは「貨幣経済」(Rieger [Privatwirtschaftslehre] 12) に結びついており，そして，利益追求という私経済的思考を考察の中心に据えたことは，まったく矛盾がないということを見落とさなかったのである。

第2次方法論争の生成

かくして，リーガーも経営経済学の歴史に加えられた。彼の『私経済学入門』によって**第2次方法論争**が惹き起こされたからである。これがリーガー・シュマーレンバッハ論争である。残念ながら，次のように言わなければならない。この学問の方法論的な基礎づけに関するリーガーの意見表明は，「私経済学」への「回帰」に他ならず，そのことが彼の研究を急速に有名にした。しかしながら，この研究の「卓越した実質的内容」はむしろ顧慮されることがなく，重要視されなかったのである (Moxter [Grundfragen] 22)。とりわけ，経済性という理念に対するリーガーの批判 ([Bilanz]) は，十分な根拠のあるものであったにも拘わらず，暗黙のうちに無視されたのである（シュマーレンバッハの経済性論に対するリーガーの主たる異議は，シュマーレンバッハが経済性論に必要とされる価値論を，市場価格から，また，収益性の観点から最終的に解放させることができなかったということであった。このことに関して，詳しくはHundt [Theoriegeschichte] 57 ff.を参照）。リーガーの「敗北」は，彼が経営経済学に関する大学教員連合 (VHB) への入会を拒絶されたことでクライマックスに達した。そして，1957年にVHBは名誉会員として遇すると申

し出たが，彼はそれを受け入れなかったのである（詳細については，Hundt [Theorigeschichte] 57 ff. そこで引用されている文献をも参照）。このようなことも，科学の範疇に属するのであろう。

この論争において，リーガーは，シュマーレンバッハの経済性論だけではなく，あらゆる種類の規範主義に対しても異議を唱えた。彼は，シュマーレンバッハにおける「実践的行為についての指導や処方箋」が気に入らず，また，「経済が何をすべきかという規則を設定する」（Rieger [Privatwirtschaftslehre] 73 und 44）という意図を持つ規範主義を非難したのである。この規範主義については，次節において考察される。

特異なプロフィールと強い個性を持った科学者であるリーガーは，今日では名誉を回復したと考えられる。彼は「しばしば，経営経済学における理論主義の良心として，すなわち，シュマーレンバッハに対する鋭い批評家として賞賛されている」（Schneider [Betriebswirtschaftslehre] 148）。しかしながら，「理論主義の良心」と述べることは，彼のきわめて疑わしい理論の理解を考慮すると，明確に相対化されねばならないのである。

第3節　ハインリッヒ・ニックリッシュ
　　　―倫理・規範的な経営経済学と経営共同体という理念―

何が「良く」て何が「悪い」のか，何が「公正」で何が「不正」なのかということについての判断を（私人あるいは市民ではない）科学者に期待するのか否かという問題，つまり価値についての態度の表明が科学者に求められるのか否かという問題は，これまで何度も議論されてきた。ドイツの偉大な社会学者であるマックス・ヴェーバー（*Max Weber 1864-1920*）は，世紀の変わり目に，第一人者としてこれまでと異なる形でこの問題に取り組もうとしたのであり，今日でも彼の意見表明を避けて通ることはできない。それは次の通りである。彼によると，経験科学は「人が何をすべきかということを誰にも教えない

し，教えることはできないのである。せいぜい彼に何ができるのか，そして，場合によっては，何をするつもりなのかということを教えられるくらいである」(Weber［Wissenschaftslehre］151)。それに関して考慮すべきことは，ヴェーバーの分析が暗黙裏に対象領域，価値基礎領域および言明領域という区分に基づいているということである。このような区分は，後年においてハンス・アルバート (Hans Albert) がより正確な考察を目指して行った。ヴェーバーが主張する意味における価値自由は，単に最後の言明領域に対して求められているに過ぎないのである。

倫理・規範的な観点

ヴェーバーの分析は当時すでに知られるところとなってはいたが，経営経済学の倫理・規範論者たちがそれを気にかけることはなかった。そのような論者としては，ニックリッシュの他には，フリートリッヒ・シェーア (Friedrich Schär 1864-1924) や（後の時代の）ヴィルヘルム・カルフェラム (Wilhelm Kalveram 1882-1951) を挙げることができる。彼らにとっては，むしろ，次のような信念を根底に置くことが必然的なものとなっているように思われる。

> 経営経済学の課題は，一般に妥当する倫理的な根本価値から**経済行為に関する規範**を導き出し，それに基づいて生じた当為状態に経済を転換することである。

このような**方法論上の基本的な観念**に基づいて，ニックリッシュは独自の社会哲学を展開したのであった。そのことは，とくに彼の著書『向上への道！組織』に現れている。それにおいては，何よりもまず，ある一定の**人間像**が構想されている。すなわち，ニックリッシュは，維持および形成そして自由という基本的欲求を持つ精神的存在として人間を描き出しているのである

（[Organisation] 34 ff.）。その背後に隠れている観念が現実科学の考察様式とどのくらい乖離しているかということに関しては，以下のようにまとめることができる。

ハインリッヒ・ニックリッシュ
Heinrich Nicklisch (1876-1946)

「第1に，人間は自分の精神的な本質を**維持**しなければならない。すなわち，彼は自分が全体でありかつ部分であることを意識し続けなければならないのである。このことは，彼が自身の意識の根底にある核心部分すなわち良心に深く思いを凝らすことによって行われる。
第2の欲求は，一体化し，肢体化することで，**形成的**に影響を与えるということである。人間は人を愛する……ことによって一体化の作用を及ぼす。また，人間は正義を貫徹して共同体を秩序づけることによって肢体化の作用を及ぼすのである。
人間が精神的な本質を維持し，一体化と肢体化によって共同体を形成するならば，彼は良心の中であらかじめ決められているものに従っているということになる。それゆえ，このような行いは，人間という精神的本質が持つ最高位の法則である**自由**の法則に従っている」(Katterle [Betriebswirtschaftslehre] 26　強調は原典通り）のである。

ニックリッシュにおいては，維持，形成および自由という3つの根本的欲求は，「組織法則」すなわち「人間有機体が生きる上で従う」法則に現れている。その場合，前提条件が受け入れられるのである。(Nicklisch [Organisation]

66)。そのような人間像を背景として，当時の経済システムに彼がきわめて批判的な態度を示したということは，以下の一節に明確に示されている。

> 「われわれの経済生活が資本主義的な発展を遂げたことで，利益という概念は，生活の中で生み出されたものすなわち労働と結びつくのではなく，資本と結びついた。そのことは間違いであった。……株式法やとりわけ利益の分配に関する権利規定もまた根本的に転換されなければならない時が来た。私は資本の私的所有に反対しているのではない。むしろ，全体の成果を参加者へ不公正に分配することに反対しているのである」(Nicklisch [Organisation] 100)。

経営共同体という理念

内容的に考えて，同時に経営経済学の認識対象への応用を考えると，上述のような観念はとりわけ**経営共同体という理念**に現れている。はじめから自明のことであったわけではないが，ニックリッシュは経営を**社会的構成体 (Sozialgebilde)** とみなしている。もっとも，これに関しても，空想的で物事を美化するような考え方が支配的であると言える。

> 「……それは参加者たちに，経済が活発に活動している真っ只中にあっても，精神的な本質であることを常に確信させるものである。それは献身や愛情を表現したものであり，それらは個人を全体すなわちあらゆるものと結びつけ，一体化させるように作用するのである。それは正義によっても満たされている。正義は，当然与えられるべきものをあらゆる者に分配する。それゆえ，われわれの精神的な目には「共同体」という有機体がありありと見えている。そこで，すべての人が一致してそれぞれの才能に従って協力し，自分たちの働きに見合った分け前を期待しているに違いないのである」(Nicklisch [Organisation] 69)。

ニックリッシュは，社会の現実に関して，あらゆる種類の緊張関係やコンフリクトが日常茶飯事であることを明らかに考慮しなかった。そして，それらを「経済的・有機的存在の病」と解釈することもなかったのである（Nicklisch [Organisation] 64）。このような考え方は，今日では時代遅れなものとみなされている。むしろ，**社会の変化にとってコンフリクトは必要である**と強調されていることは正当なことである。

最後に，次のことに言及しなければならない。すなわち，ニックリッシュは経営共同体の理念と国家社会主義的なイデオロギーとの間の精神的な親戚関係を作り上げたのである。国家社会主義的なイデオロギーは，「新しいドイツの指導者が自分たちの力をすべて使うことができるようにする」ことを，ニックリッシュが学者たちに呼びかけるきっかけとなった（Nicklisch [Betriebswirtschaftslehre] 173）。

他方では，ニックリッシュは**経営的な形成の基礎として社会哲学が必要である**ことにこだわり続けた。その点において，彼が他の多くの学者とは異なり，際立っていることは否定できない。そして，かなり以前から，**経済行為の倫理的な基礎**に関して徹底的な議論がなされるときにも，ニックリッシュの見解を参照することが求められるのである。

誤解を生じさせないために次のことを述べておく。このような議論の内容に関して，ニックリッシュの思想体系は今日では決して有用なアプローチではない。それどころか，これに対しては明確に批判的なスタンスを取ることが求められているのである。プラトンやアリストテレスに対してさえ言えることであるが，巨匠の誤りを見抜き，それを建設的に用いることで，彼らから多くのことを学べることもある。

第6章
学際的研究の黎明

Von disziplinärer Abgeschlossenheit
zur Interdisziplinarität

　本章の3つの節では，経営経済学が学問分野として孤立的であるという理解から，自らを学際的な分野として捉えるという接近への変化がはっきりと現れた研究を紹介する。そのような変化はおよそこの20年以内に生成した。したがって，1950年代の初めから1970年代の中頃までの展開を描写することになる。

　そのことに関しては，3つのアプローチを確認することができる。それらは，いくつかの根拠から科学プログラムと呼ぶことのできるものである。それを代表する人物は以下の通りである。

- ■エーリッヒ・グーテンベルク（*Erich Gutenberg*, 1897-1984）
- ■エトムント・ハイネン（*Edmund Heinen*, 1919-1996）
- ■ハンス・ウルリッヒ（*Hans Ulrich*, 1919-1997）

　ここでもまた問題となるのは，それぞれの方法論的・内容的な研究のポイントを浮き彫りにすることであり，必要に応じて批判的にコメントすることである。もっとも，この章においては，前の章で選択されたやり方とは順序を逆にして，まず内容上のメルクマールを取り上げ，それに続いて方法論的な側面に

言及することにする。

「学際的アプローチの黎明」ということが示唆しているのは，真に大きな発展の歩みである。しかし，そのことは学問に**進歩**をもたらしたか。これは難しい問題であり，とりわけ明確に答えられない問いでもある。ことによると，以下のような評価が役に立つかもしれない。すなわち，意思決定志向的な研究もシステム志向的な研究も，グーテンベルクの厳格な思考に対置され得るものではない。このことは，とりわけ，それぞれの方法論的な基礎を見れば明らかである。グーテンベルクの場合とはまったく異なり，ハイネンにもウルリッヒにも驚くほどの無頓着さが見られる。このことは，以下の叙述によって明らかとなるであろう。内容的に考えても，これらの新しいアプローチにおいては，グーテンベルクにはまったく見られない通俗性が散見されるのである。

他方では，そのことによって新たな道に踏み出すことになり，それがこの分野に新しい観点をもたらしたことも考慮すべきである。そのような観点は，グーテンベルクの新古典派的な考え方にはおよそ見られなかったものである。理念の多元性というルール（第4章第2節を参照）が明らかにしているように，比較的若く未成熟な構想はとくに保護する必要があることを忘れてはならない。そして，次のこともまた繰り返し付言されるべきであろう。時として暗黙裏に主張されることであるが，1つの学問により叙述せよという要求は，認識進歩およびそれに基づく形成可能性にとって有害なのである。

第1節　エーリッヒ・グーテンベルク
―新古典派志向的な経営経済学の研究―

ある学問領域の中で新しい発展傾向がいつ始まったのかということは，必ずしも正確に記せるわけではない。しかし，ここで議論するケースに関しては，それをかなり正確に示すことが可能である。エーリッヒ・グーテンベルクは，3部に分けて出版された『経営経済学原理』の第1巻「生産編」と名付けられ

た著作を1951年に公刊した。その基本的な考え方は，すでに1929年の大学教授資格取得論文において準備されていた。そして，1955年には「販売編」がそれに続いたが，「財務編」はかなり後の1968年にようやく刊行された（Gutenberg [Produktion]，[Absatz]，[Finanzen]）。それが新しいとみなされたのは，国民経済学において長く支配的だった新古典派的な思考様式を経営経済学に応用したからであり，グーテンベルクはそれが効果的であることをかなり確信していたのである（Gutenberg [Unternehmung] において繰り返し述べられている箇所を参照）。それについては，後で再び取り上げる。

『経営経済学原理』の中で最も注目されたのが「生産編」であることは明らかである。それが研究という意義を突出して持っているがゆえに，以下の説明においては，グーテンベルクの『経営経済学原理』のうち，「古典的な経営経済学の伝統からは根本的に離反して」（Hundt [Theoriegeschichte] 135）構想されたこの第1巻を取り上げる。

内容的な指導理念としての「生産論的な観点」

グーテンベルクが大きな関心を持ったのは，何よりもまず，できる限り一般的に経営を特徴づけることであった。それゆえ，彼はいわゆる**体制無関連的事実**（systemindifferente Tatbestände）を経営概念の基礎とした。この概念は，その名称が示しているように，純粋な市場経済から中央集権経済の理想型に至るあらゆる経済秩序に関わりなく妥当するものであり，以下のような要件に関わるものである。

■生産要素の結合
■経済性原理
■財務経済的均衡（流動性の維持）

エーリッヒ・グーテンベルク
Erich Gutenberg (1897-1984)

さらに，次のような**体制関連的事実**（systembezogene Tatbestände）が考慮される。

- 自律原理
- 営利経済原理（利益の最大化）
- （生産要素の）私的な所有

このようにして，企業または市場経済（場合によっては社会的市場経済）における経営が概念として得られるのである。

グーテンベルクは，折に触れて述べているように，自分の関心の所在をより正確に特徴づけるために，「生産理論という観点」（Gutenberg [Produktions- und Kostentheorie] 430）から出発している。その点に，自己完結性を広範に考慮する科学プログラムという指導理念を看取することができる。その指導理念は内容に関わるもので，科学プログラムが本来的に有しているものである。その中心にあるのが**生産関数**（Produktionsfunktion）なのである。

グーテンベルクの考察は，もともと—内容的には当時の国民経済学理論に依拠して—（部分的あるいは全体的に）交換可能な（代替可能な）生産要素を伴う生産関数（A型）に向けられていた。その後，第2版では早くも方向転換が為されることとなった。グーテンベルクは，経営の給付生産に関して，**要素投入比率が不変**であるということがより典型的であると考えたのである。経験

第6章 学際的研究の黎明 49

的にも証明されたこの事実によって，彼は制限的な生産要素を伴う生産関数（B型）を展開した。それにより，1つのフレームワークが生み出され，グーテンベルクとその弟子たちは，その内容をますます充実させていったのである。とくに，**生産理論と原価理論の関連**（Zusammenhang zwischen Produktions- und Kostentheorie）を打ち立てることができ，その点において，この研究は理論が高度に孤立的であるという印象を与えたのである。かくして，確かにグーテンベルクのアプローチは，一定の期間，多数の学者を魅了することができた。経営経済学は初めてパラダイムを得たと言っても差し支えはない（Jehle [Fortschritt] 76ff.; 同じく Hundt [Theoriegeschichte] 135 ff.）のである。

生産要素の体系

ここで議論されているアプローチの特徴がとくによく分かるのが，生産要素の体系である。以下において，それをより詳しく考察することにしたい。まず，一方では**基本要素**，他方では**処理的要素**という根本的な類型化が行われる。

基本要素とは次のようなものである。

- **材料**。すなわち，「生産物の製造のための素材として用いられる」すべての投入物（Gutenberg [Produktion] 122）。
- **経営手段**。それは「すべての技術的な装置」であって，「実物材の製造あるいはサービスの提供のために企業はそれを利用する」（Gutenberg [Produktion] 70）。
- **対象関連的労働給付**。それが意味するのは，「給付生産・販売や財務的な職分と直接的に関連し，処理的・指令的な性質を持たない」ようなすべての活動（Gutenberg [Produktion] 3）。

次のような説明によって，**処理的要素**が本質的に何を意味するかということが明らかである。グーテンベルクは以下のように述べている。

- **経営指導**。それの主たる課題は「3つの基本要素を生産的に結合させる」ことである（Gutenberg [Produktion] 5）。その際，補助手段として次の2つが利用される。
- **計画と組織**。
- 経営指導は**本源的な**処理的要素であり，計画と組織は**派生的な**処理的要素とみなされている。

　対象関連的労働と処理的労働を峻別する必要性をグーテンベルクは強調している。このような区分は示唆に富んでおり，彼の研究に具体的に行われているのである。「労働」という基本要素の問題性は，「経営における人間労働給付の最適な効果性に関する条件」という表題の下に取り上げられている。それがこの生産要素の特徴である。それとは異なって，グーテンベルクは処理的要素を「非合理の根源」とみなしている（あるいは，そう白状している）のである。

　このような指摘では満足できない人は，グーテンベルクが**説明を放棄している**と考えるであろう。興味深いことに，このような見方はアルバッハがグーテンベルクの仕事全体を評価した際にも現れているように思える。

> 「グーテンベルクにとっては，人間と機械の統一物が学問的な説明を要する問題の中心にあった。それに対して，機械設備を考慮しない多様な人間と人間との関係は，体系化を目指す他の理論にとっては企業の本質とみなさるのではあるが，グーテンベルクの所説では中心的な問題ではなかったのである。」（Albach [Gutenberg] 588）。

　少なくともこの段階に至れば，このような問題の捉え方が**方法論的道具主義**を優先していることにいくらか関係するかもしれないということを推測することができる。このことに関して，グーテンベルクの死後に残された長い論文からの引用は示唆に富んでいる。すなわち，グーテンベルク自身が回顧的に書い

ているように，彼が発見したのは以下のことなのである。

> 「私は，経営機能と人間関連的事実とを結びつけるための方法を見つけたのではない（それらの共同の成果が企業の給付である）……。私は，機能している1つの単位としての人間と機械を知り得ただけである。別の言葉で言えば，私は，経営事象の人間関連的な構成要素と機能的な（技術的・組織的な）構成要素を学問的に説得力のある統一体として組み立てたわけではないのである。そういうことが確かにあり得るということを知りながら私がこの方法を採らなかった所以である」(Gutenberg [Unternehmung] 48)。

1つの「確かにあり得る」代替的な方法という言葉が用いられている結語は，後に紹介される科学プログラムのために記憶にとどめておいていただきたい。さらに，グーテンベルクの折に触れての発言についても同様である。「人間・社会的問題にはしかるべき地位が与えられる（べきである）」(Gutenberg [Einführung] 21)。ただし，それは何の効果ももたらさなかったのである。

グーテンベルクが築いた研究と教育の体系は，しばらくの間はかなり支配的であった。しかし，それがやがて話題にならなくなるということが考えられる。しかしながら，依然として彼の影響は大きい。そのことは部分的には次のことと関係があるが，それは決して些細なことではない。すなわち，グーテンベルクは多数の弟子を養成したし，彼らは今も活躍している。彼らは有力な代弁者として頭角を現し，現在でも依然として抜きん出ているのである。しかしながら，同じように決定的で方法論的に意義を持っているのは，**理論的に非常に閉鎖的なアプローチが問題であったということである。そのようなアプローチは少なからず知的な魅力を持つのである。**

彼の仕事に関しては多くの評価があるが，その1つが明らかにしているように，このような理論的な閉鎖性がグーテンベルクの関心事であった。彼は，次

のようなことを認識していた。

> 「かつての理論的アプローチの前提は断片的な性格を持ち，しばしば精密さに欠けているということを認識していた。自分の学問上の経験や，経営経済学の理論的基盤が断片的であることに苦悩したことが推進力となって，グーテンベルクは，何十年もの間，経営経済学の力強い包括的な理論という構想を手に入れようと努力してきたのである」(Kilger [Gutenberg] 689)。

これは次の考察の結論でもあるが，理論的な孤立性に対しては，当面のケースでも高い対価が支払われなければならなかった。それは，**孤立の対価（Preis der Abgeschlossenheit）** である。遅くとも1960年代の終わりには，その対価は明らかに高すぎると感じられていた。経営経済学の門戸を開放し，学際的研究に向けての努力する――これが答えであった。このことに関しては，後において詳細に述べることにする。

グーテンベルクの接近と方法的側面

経営経済学が，はじめから意識的に，経済科学における姉妹学問である国家経済学あるいは国民経済学から明確に独立したものとして展開されていたならば，グーテンベルクの『経営経済学原理』（とくに「生産編」）が出版されても，おそらく方法論争の対象とはならなかったであろう。この方法論争は，経営経済学においては3度目であったが，きわめて激しい形で行われた。しかし，この論争はとくに実り多いというわけではなかった（これに関しては，たとえば，Mellerowicz [Richtung]；Schäfer [Selbstliquidation]；Gutenberg [Methodenstreit] を参照）。というのは，グーテンベルクによって利用された**方法論的道具主義**は，国家経済学ではきわめて一般的に受け入れられていたからである。それが意味しているのは，新古典派的な方向性を持ったミクロ経済学理論のことであり，クールノー（*Antoine Augustin Courno*）あるいはパレー

ト (*Vilfredo Federico Damaso Pareto*) のような名前が想起される (Albach [Gutenberg] 583における指摘を参照)。それは「部分分析」あるいは「限界価値考察」のようなキーワードによって描写できるものであり，それに関するグーテンベルク固有の業績は以下のことにある。彼は，国民経済学の中でミクロ経済学的に方向づけられた新古典派理論よりも，経営経済学の問題により近い関係にあるやり方で，これらの道具を利用したのである。それによって，暗黙裏にではあるが，ある特定の人間像がこの分野に導入された。それが*経済人* (*homo oeconomicus*) である。

> 新古典派的な理論化を構成するメルクマールは，完全な合理性という仮定，そして，**理想型的な経済主体**という構成物である。後者は*経済人仮説*と呼ばれ，経済科学の理論の内部においては2つの形で現れている。すなわち，(全知全能の) 企業家と (自立した) 消費者である。

もちろん，グーテンベルクはこれらの人間像に関して直接的には言及しているわけではない。むしろ，それは暗黙のうちに想定されているのである。そのことは，「人間と組織が『完全に機能する』」(Albach [Gutenberg] 589. この文献は，グーテンベルクの教授資格取得論文を参照するように指示している) というコメントから読み取ることができる。「生産論という観点」はこれを必要としないように見える。しかし，いわゆる**費消関数** (Verbrauchsfunktion) を通して生産要素の結合を理想型として表現することが問題になるのである。それは，もっぱら技術者の学問における事態という意味において重要である。そのようにして生まれた生産関数は，しばしば**経営経済的法則性** (betriebswirtschaftliche Gesetzmäßigkeit) と称されている (それは誤解を招くことが多い)。ちなみに，そのような生産関数は，A型とB型を経て，最後にはE型にまで達したのである。

グーテンベルクが考えた世界を，さらに深く掘り下げてみることにしよう。「実際の経営事象では常に効果を持つが，理論の純粋な実行には障害となる要因を排除できるように」(Gutenberg [Unternehmung] 41)，ことさらに，「精神的・生理的な主体」という概念が考えられている。この概念は，障害となる影響から理論を守るという目的で形成されたものである。その役割を果たしているのが**合理性の公準**であるが，もちろん，それは企業の管理者たちだけに適用されているのである。そして，グーテンベルクは以下のことを確認して十分に満足している。「企業管理者たちによる合理的な行動は，—何らかの方法で表現すれば— 今日でもなお，多くの理論的構想の本質的な要素なのである」(Gutenberg [Unternehmung] 41)。約30年経った今でもそれに異論を唱えることはできないであろう……。

ここまで行ってきたグーテンベルクの研究の特徴づけは，すでに述べられたヴィルヘルム・リーガーの観念との（内容的な近さではなく）方法的な近さを明らかにしている。リーガーの所説においても，ある種の理論化ないしは理想型的な考察が行われている。現実に存在している諸関係は意識的に無視されるのである。グーテンベルクの研究の全体において，これに関する指摘が多数見られる。それゆえ，少なくとも彼が実現したことに関して言えば，経験的・現実主義的な認識プログラムと呼ぶことはできない (Jehle [Fortschritt] 82)。次のような解釈は，グーテンベルクの関心により近いものであろう。「彼の —グーテンベルクの— 関心は，経営現象の構造や動きをできる限り正確に真の形で記述し，説明することから離れ，見出された構造が合理性原理から見てどのように改善できるのか，それ自体変化するデータの集合をどのように最適に適応させることができるのかということに関する**可能性を分析する**方向へと移行している」(Hundt [Theoriegeschichte] 159)。

このような説明の側に立って，グーテンベルクのアプローチは，しばしば「数学的・演繹的」と呼ばれている。このような特徴づけが**意思決定論**（合理性理論と言われることもある）**のやり方**を描写している限りにおいて，それは的

を射ている。そこでは，数学的な処理を用いて，仮定された目的関数（たいていは利益最大化あるいは原価最小化）や，たとえば利用可能な資源等に関するある種の制約の下での最適な行動方法を「導出」することが問題となる。実際，グーテンベルクのアプローチは，確かに，いわゆるオペレーションズ・リサーチの方法（数学的な意思決定研究あるいは —誤解されやすい名称だが— 数学的な企業研究と称されることもある）をも強く促進したのである。

　生産性関係に関する学問の方法論的な側面を説明することで，この研究が内容的に閉鎖的であるにも拘わらず（あるいは，まさにそれゆえに），なぜある種の**孤立性**をも築き上げるのか。その理由はすでに暗示のうちに認識することができよう。最後にこの事実について，やや詳細に追求しようと思う。

経営経済学の孤立性

　学問分野の内部において，ある程度系統だった言明の体系を展開することに成功したならば，この分野は「成熟した」と認められる傾向がある。実際に，グーテンベルクは，このような評価を当然に要求できるほどの経営経済的研究の提示に成功した。その研究は，一時的に，大部分の学者にとって計り知れないほどの魅力を有していたのである。

　もちろん，重要な点において，彼の研究の成功は相対化されなければならない。なぜならば，本質的には完全に特定種類の問題設定だけが経営経済学的に重要なものとして説明されたという点に，成功の原因が見られたからである。同時に，このことはさらなる理論的・実践的進歩にとって障害になる**孤立性**（Abgeschlossenheit）を生起せしめる。以下の文章では，それが何を意味するのかということが明らかにされている。

　「問題設定を比較的狭くし，理論を抽象的な方向へと導くことは，疑いなく，数量的なモデル分析に受け入れられやすい問題（生産理論，原価理論，投資理論，資金調達理論，在庫理論，調達理論）に関しては多くの成果をも

たらした。それらが議論の困難な質的側面（人間行動，非金銭的な調査研究目標，政治的側面）を考慮の外に置いていたからである。他方では，そのアプローチは，ますます「プラトン主義モデル」（*H.Albert*）の危険，すなわちその前提条件（利益が唯一の目標基準であること，意思決定行動が合理的であること，利益目標が経済全体の豊かさの最大化と調和すること）が実践からかけ離れているという危険，ならびにモデルのトートロジー化（経験的な内容のなさ）という危険に支配されるのである。その上，このアプローチは経営経済学の最近の問題（マーケティング，組織と管理，企業政策や企業計画，人事制度）を体系的にまとめたり，それに解を与えることができない。これらの領域はドイツ語圏よりも，グーテンベルクのパラダイムが支配的ではなかったアングロサクソン諸国でより急速に発展してきたのである」（Ulrich / Hill [Grundlagen] 171）。

とりわけ後者の問題は看過できない。それに関しては，「生産編」の後の版において，まさしく「労働」という生産要素の問題性に関連して，拡張ないし現実への適応がなされたことが考慮されていないわけではない。しかしながら，1960年代の終わり頃やそれ以降に現れた研究と比較すれば，このような適応によるヒューリスティックな価値がほとんどないことは明らかであり，それは生産性関係に関する学問が重点的に別の領域，すなわち**経営経済学の形式化と数学化**で能力を発揮することを確認するにとどまっているのである。

クヌート・ブライヒャー（*Knut Bleicher*）の主張に基づいて，さらに次のように言うこともできよう。「経営経済学からマネジメント学へのさらなる発展に……関心を抱いた者はすべて，エーリッヒ・グーテンベルクの支配的な学説における〈処理的要素〉を実り豊かなアプローチであるとはみなさなかった」（Bleicher [Betriebswirtschaftslehre] 120）のである。グーテンベルクの「対象関連的労働給付」に関しても，必然的に同じような評価を下さざるを得ないであろう。すなわち，経営経済学は生産性関係に関する学問であり，その学問

に特有な考察様式で生産要素の結合過程を主要な対象とみなしている限り，それは**工学という基盤**に依拠しているということになるのである。しかし，その他の点ではこの分野は，独立的な，または自律的な学問分野とみなされているのである（Gutenberg [Einführung] 13 f.）。

後の世代に生まれた研究が，生産性の関係に関する研究が残した「空白地域」を埋めていったことは，取り立てて驚くべきことではない。そのことによって，**人間科学ないし行動科学の基本コンセプト**を基礎として経営経済学が全体的に方向転換したのである。研究の目論見から考えると，そのことによって，経済的な事象は**人間的事象の一部分**（Teilklasse）として把握されるのである。

第2節　エトムント・ハイネン
　　　—経営経済学の門戸を人間科学に開放する—

以下において概説される研究は**意思決定志向的経営経済学**（entscheidungsorientierte Betriebswirtschaftslehre）と称されている。それに決定的な影響を与えたエトムント・ハイネン自身もそのように呼んでいた。もっとも，選択行動は以前から経済科学の伝統的な対象そのものであった。シュマーレンバッハやグーテンベルクにおいても，そのことに関する多くの証拠が看取される。暗黙的なものまで含めると，それは（もっと）初期の学者たちの場合にも見られる。しかし，問題はこのことに止まらない。**典型的な日常の現象**が問題なのである。つまり，シュニッツェルかラザーニャか，スパークリングワインかミネラルウォーターか，イビザ島かフロリダか，人生の（一時的）パートナーにするのは誰か，票を入れるのは「黒」か「黄」か「緑」か「赤」か等について，われわれは常に意思決定をしなければならないのである。

その意味において，ハイネンが選んだ名称に**研究の独自性**が現れているわけでは**ない**のである。さらに，意思決定の方向づけに関して画一的に述べられる場合には，**意思決定論理**と**現実理論**のバリエーションの区別が為されていない。

そのメルクマールに関して以下において述べられることが，2つの異なるアプローチをはっきり区別するのが適切であることを示している。

エトムント・ハイネン
Edmund Heinen (1919-1996)

> **意思決定論理によるアプローチ**は，**仮定された目的関数**（たいていは利益最大化であるが，原価最小化の場合もある）ならびに**所与の制限的条件**（制約）を出発点とする。
> 数学的な方法を用いて，与えられた目標が，最小の手段投入によってどのように達成できるのかということについての情報を得ることができる。それに対して，**現実科学的アプローチ**は，経済主体の**実際**の意思決定行動ならびにその意思決定行動にとって決定的な彼らの目標表象を探求する。

　これらのことを背景とすれば，以下において考察するアプローチの大きな特徴が**経営経済学の門戸を人間科学に開放する**ことにあること，したがって，もっぱら2番目に挙げられている現実理論のバリエーションを企図しているものと考えることは適切であるように見える。すでに明らかにしたように，このようなアプローチの精神的な父は一般にエトムント・ハイネンとされるが，彼は1962年の長い論文の中で，初めてこの研究の輪郭を明らかにしたのである。この論文は，興味深いことに，エーリッヒ・グーテンベルクの65歳の誕生日を記念した論文集に執筆されたものであった。それは，ハーバート・サイモン（*Herbert Simon*）等によるアメリカの研究の影響という印象を与えているが，

第6章　学際的研究の黎明　59

実際にはグーテンベルクの所論が問題とされたのである。われわれは次のことを想起する。すなわち，処理的要素（経営管理者）によって下された**意思決定**は，結合過程に具体的な特質を与えるものである。グーテンベルクは処理的要素を単に形式的な機能としかみなさなかったが，ハイネンは**意思決定のシステムと目標システム**を考察の中心に据えているのである。たとえば，そのことは以下のことから論証され得る。

> 「目標決定の根本的な意義は，企業の理論を構築する際にも明らかである。それは，経営経済学の認識獲得努力の核心である。そのような理論を構築しようと努力する際には，必ず最初に企業はどのような目的関数を志向すべきかという問いが立てられる。目的関数がどのように選択されるかということによって，企業理論の構築は異なったものとなるのである」(Heinen [Zielfunktion] 15)。

予想外のことであったが，ハイネンは，自らのアプローチを位置づけるために，経営経済学においてこれまで為されてきた研究について，二重の関係を打ち立てている。そして，「ある種のジンテーゼ」が目指されたのである。ハイネンにとって「テーゼ」とは，**人間**を中心に置くハインリッヒ・ニックリッシュの倫理・規範的な研究である。彼が「アンチテーゼ」とするのは，エーリッヒ・グーテンベルクと彼によって強調された**生産性関係**である。このことを背景として，意思決定志向性は「両者の方法を1つにまとめること」とみなされ得るであろう。また，現代の経営経済学として意思決定志向的な研究が想起されるが，それは「その前の段階から根本的に進化を遂げたのである。それが意味するのは，絶え間なく進展する学問の発展プロセスにおける断絶ではない」のである (Heinen [Wissenschaftsprogramm] 208)。このように特徴づけられる**連続性**に**向けて努力する**場合，ある種の矛盾を甘受しなければならないという危険が大きくなるが，ニックリッシュとグーテンベルクの構想に関する先の

説明を思い起こせば，それを感じ取るのも難しいことではない。

現実科学の問題としての意思決定

　「経済という行為が選択することを意味するのなら，そして，選択することが意思決定することと密接な関係にあるとみなすことができるのであれば，経営経済学はこれまでずっと企業における人間の意思決定に取り組んできたことになる」（Heinen [Entscheidungsorientierter Ansatz] 21）。ハイネンは，この言葉をもって意思決定志向的アプローチについての論文を始めている。しかしながら，別の場所で述べたように，それは過去の研究努力と著しく異なっている。すなわち「経営経済学が意思決定に取り組むという**事実**は新しいことではなく，また，将来への指針となるのでもない。むしろ，それは，経営経済学がいかに意思決定を探求するのかという方法を示しているのである」（Heinen [Wissenschaftsprogramm] 208）。

　人間科学の隣接学問に眼を向けること，そして，それによって現れる問題の移行は，次の叙述の中で明らかになっている（Heinen [Grundfragen] 395 f.）。

「**意思決定志向的経営経済学**は，……寓話の世界における古典的なミクロ経済学の〈経済人〉を否定する。それが意思決定行動を分析する際には，人間や組織，社会の基本モデルを基礎とする。これらの基本モデルの学問上の基礎をなしているのは，学問の境界を超える構想（たとえば意思決定論やシステム理論），とりわけ人間科学の隣接学問の中で経営経済学にとって重要なもの（たとえば社会心理学，社会学，心理学，政策科学，国民経済学）そして数学である」。

　したがって，ハイネンが主張する要求はかなり広範囲にわたっている。ミクロ経済学の思考様式はあっさりと否定される。これまで考慮されていなかった人間や企業のモデルならびに社会のモデルでさえもが導入され，「学問の境界

を超えた」コンセプトが方法的枠組みとして用いられ，人間科学の隣接学問において考えられるすべての認識を取り上げることが企図されたのである。これらの思考世界の特異性について，概略だけでも述べることにしよう。

意思決定という側面から経営経済の問題を捉えるために，とりわけ**目標の決定と手段の決定が峻別**される。目標の決定とは，「経営経済の活動によってどのような目標が達成されるべきなのか」（Heinen［Einführung］19）ということを決定することである。手段の決定では，そのような形で確定された目標がどのようにして —すなわちどのような手段を用いて— 達成できるのかということが問題となる。

かつては当たり前であった考察方法からすると，注目すべきパースペクティブの移行ないし問題の移行が見られる。目標は，利益最大化（あるいは原価最小化）という形で単純に「設定」されるのではなく，経験から得られるものなのである。ハイネン（［Einführung］110 ff.）には，これに関して以下のような類型が見られる。

- 利益獲得，売上獲得，経済性上昇
- 安全性への努力（企業のポテンシャル，流動性）
- その他の目標（威信，権力等）

もちろん，最後の「その他の目標」は，**個人の行動の動機**に関わる事実を取り上げている（それらは決して取るに足らないものではない）。利益獲得あるいは売上獲得の努力の原因が企業あるいは経営にあるということがいくらか正当であるとしても，このことは，たとえば威信あるいは権力への努力に関しては決して意味を持たないのである。両方のケースで個人の目標が問題になることは明らかである。同時にそのことから，企業ないし経済的構成体は目標を追求するのだという，最初のうちは納得がいくように思えたイメージも，さらなる問題を提起すると推測されるかもしれない。

ハイネン学派の中では，そのことには誰も気づいていないのである。そのことによって主題として扱われる個人目標と組織目標の関係については，意思決定志向的研究では，とりわけヴェルナー・キルシュ（Werner Kirsch）が取り組んでいる。ちなみに，キルシュは，後に**企業管理論**（Kirsch [Führungslehre]）の中で経営経済学に新たな解釈を与えたが，彼の基本的な考え方は次のようなものである。経営事象に参画する個人はまず組織の目標を定式化する。それは個人の努力の結果を表すものであるが，しかし，必ずしもそれ自体として認識できる形で存在しているものではない。

> 「組織の目標と個人の目標は，確かに一致するときもある。しかしながら，個人は，組織の目標を定式化するときには，たいてい個人の目標を覆い隠そうとするのである。個人目標は，たとえば，個人的な威信を得ようとすることかもしれない。それに対して，組織のために公式的に表現された目標はこの個人目標に端を発するが，その内容はある特定の販売セクターに対する市場シェアの拡大かもしれないのである」（Kirsch [Entscheidungsprozesse, Bd.3] 132）。

このような組織**に関する**目標が組織の目標にもなるか否かということは，企業事象に関与する人たちが持つ**権力**の程度に左右される。つまり，わずかな権力しか持っていない人あるいは集団は，企業の実際の目標に大きな影響を与えることはできないであろう。そのような考察は，人間科学の問題設定が近年の経営経済学に受け入れられたということ，そして，それがどのような範囲で受け入れられたかについて認識させる好例であろう。

説明課題と形成課題

ハイネンの主張する意思決定志向的経営経済学は，2つの科学目標を課題としている。その際，**経営経済学は経営実践に奉仕する機能を持つということ**が

前提とされる。大多数の研究者はそのことに賛同するであろう。

> 「経営経済学は，最終的には経営経済における意思決定を改善する手段や方法を提示するために努力している。経営経済学は，しかるべき行動規範を定式化することによって，責任を担う者をサポートしようとしているのである。この努力は，〈最適な〉あるいは〈満足できる〉解を導き出すための意思決定モデルを展開することでクライマックスに達する」（Heinen [Wissenschaftsprogramm] 209 f.）。

上の文言は，経営経済学が持つ**形成課題**の観念を初めて指摘したものである。同時に，それは，経営経済学がなにゆえに**実践的・規範的な学問**として捉えられるのか，そして，意思決定論理がそれにどのように関わるのかということを暗示している。すなわち，最適な解あるいは少なくとも満足できる解を「導き出す」ためのモデルを展開することが重要なのである。

その前提となっているのが**説明課題**であり，上述の２つの科学目標の間には以下のような関係が考えられるのである。

> 「意思決定の領域を形成する際には，この意思決定の領域に含まれるさまざまな事実や諸関係を記述的に分析することが前提となる。意思決定の領域をそのようにして〈説明すること〉が，実践的・規範的な経営経済学が有する説明機能の中心である。その場合，利用可能な代替案，結果の予測および代替案の許容に関して基準となる法則ないしデータを〈模写する〉説明モデルが展開されるのである」（Heinen [Einführung] 24）。

学問の基本的な目標設定についての導入的な説明（第２章第１節と第２章第２節を参照）を想起すると，説明課題は**認識的目標**，形成課題は**実践的目標**と

して理解することができるのである。したがって，ハイネンの研究は完全にこのような（科学理論的に確保された）基本線の上にある。しかし，そのことは，これに基づけば方法論や内容に関して満足できる解がいわば自動的にもたらされるということを意味するのではない。意思決定志向的なアプローチの内部で何が説明課題と関わるのかということを考えると，それが多くの問題をはらんでいることが明らかである。

　まず，次のことが確認されなければならない。経験に基づく科学は，経験科学，実在科学あるいは現実科学と称されるが，それには説明に大きな意義が与えられるのである。その場合，第2章第1節で見たように，理論的な法則およびある種の付随条件あるいは初期条件から，論理的・演繹的に説明されるべき事態を導き出すことが重要である。ハイネンが述べていることもまさにその意味においてである。

　このようなハイネンの叙述を明確にするにためは，典型的な経営経済的問題が有用である。

> 「ある企業で流動性が不足している。すなわち，その企業はもはや支払いの義務に応じることができないのである。この事実は説明されるべき現象である（被説明項）。企業の過去の分析から，とりわけこの企業には流動性準備が欠如しているということが明らかである。このことは，事実を明らかにする具体的な条件（先行条件）である。一般的な経営経済的法則は，企業は流動性準備がないと支払不能になることを明らかにしている。この法則は，いわゆる先行条件とともに当該企業の流動性不足を〈説明する〉のである」(Heinen [Einführung] 24)。

　このことに関して，次のことを簡単に確認しておく。上の文言の中で問題となっている「一般的な経営経済的法則」は，現実科学の説明に必要な一般的な法則言明とはそもそも何の関わりもない。むしろ**法的な規範**が問題となるので

ある。すなわち，それは，社会関係にある種の秩序をもたらすために人間が考え出した規則である。このような「法則」は，現実に破綻することはあり得ない。単にそれを失効させることができるだけである。それが許容されるのは，たとえば，そのような「法則」がそれに与えられた秩序機能を達成しないことが明らかになる場合である。もちろん，現実科学の意味での法則の場合には，このようなことはあり得ない。

　そのような類のつじつまの合わない主張を黙って聞き流すことに，誠実さは必要であろうか。その影響を考えれば，この問いに対する答えは次のようになる。説明課題に取り組む際の方法が経営経済学を人間科学的に基礎づけることの成果を決めることになるので，そのことだけで，ハイネンの叙述はすでに不適切である。とりわけ，そもそも**どのような領域の内部**で理論的法則性が前提とされるべきであるかということに関して，前もって決定することが必要である（行動理論的研究の返答をここで先取りすれば，それは人間の行動や行為の領域でということになる。これについてはとりわけ第8章第2節を参照）。それに関して，法的（あるいはその他の）規範が登場し，他の場所で明らかにしたように（Heinen [Entscheidungsthoerie] 1534）定義が説明と完全に取り違えられている場合，認識的な目標は必然的に実現不可能な虚構にとどまらざるを得ない。これがハイネンにも感じられるのは，おそらくまったくの偶然ではない。「もっとも，経験的に検討された因果関係に関する，信用できる比較的持続性のある法則連鎖を認識することに成功したのは，経営経済学の領域ではこれまで少数に過ぎない」（Heinen [Einführung] 25）のである。ちなみに，「経営経済学の少数の領域」ということでどのような領域が考えられているかということは，不明のままである。

　ハイネンによって主張された形での意思決定志向的な研究について，部分的にかなり批判的な評価を行ったが，それでもこのアプローチがかなり**ヒューリスティックな可能性**を持っていることを見逃してはならない。それまで，経営経済学の認識対象が経済学的に一面的に考察されてきた。それに対して，根本

的には人間科学志向的な観点という形で競合関係が惹起されたことで，これまで閉ざされていた問題領域に経営経済学がアプローチできるようになったということは，新しくかつ重要なことである。

第3節　ハンス・ウルリッヒ
—システム論的・サイバネティクス的な観点と経営経済学—

　1960年代の中頃以降，意思決定志向的なアプローチの発展と並行して，さまざまな研究者が経営経済学以外の領域でかなり流行していた**システム思考**に取り組むようになった。しかし，境界が明確に引かれておらず，伝統的な観点からすると，それはとんでもないことであった。「経営経済学の意思決定志向的なアプローチは経営経済 —経営あるいは企業— を多数の機能的なサブシステムを持つきわめて複雑で開放的な人間のシステムとみなす」（Heinen [Entscheidungsorientierter Ansatz] 25）のである。さらに，後の著作では,「意思決定のプロセスとその作用をシステム志向の枠組みで記述すること」は難しくないとも読み取れる。「……意思決定志向的な経営経済学にとって —説明課題の枠組みにおいても形成課題の枠組みでも—，システムの考察をただ通り過ぎるというわけにはいかない」（Heinen [Wandlungen] 57）のであり，それはあり得るすべての潮流を彼が主張するアプローチに組み入れるというハイネンの独自性をさらに証明しているのである。

　ハンス・ウルリッヒは，システム志向的経営経済学の創始者として認められている。彼は1968年に，『生産的・社会的なシステムとしての企業』というタイトルをもつ研究を初めて公刊した。より正確に表現すると，それが基礎としているのはシステム思考の**社会サイバネティクス的な研究**の1つである。

システム論的・サイバネティクス的な観点からの経営経済学の認識対象
　この学問分野の伝統的な研究対象が，経営であれ，企業であれ，経済組織であれ，1つのシステムとして捉えられるのは当然のことではある。しかし，そ

れは平凡な主張でもある。ウルリッヒによる定義上の規定を見れば簡単にこのことに気づかされる。「システムとは諸要素が秩序づけられた全体のことであり，諸要素間には何らかの関係が存在する，あるいは打ち立てられている」(Ulrich [Unternehmung] 105)。

ハンス・ウルリッヒ
Hans Ulrich (1919-1997)

システムとは，現実に存在する対象物からイメージできるほとんどすべてのものであるということになる。これは疑いなくいくらか酔いを覚ますような認識である。諸部分ないしは諸要素の間に何らかの関係があり，その限りで，ある種の構造ないし秩序が存在あるいは発生していることが常に発見できるであろう。

ウルリッヒは，「生産的」と「社会的」というメルクマールを使って，経営経済的に重要なシステムの特殊性を指摘している。そのように考えると，「生産論の観点」を前面に出した生産要素の結合プロセスに関する学問からの注目すべき問題移行を，そこに見出すこともできる。これらの観点について確かにウルリッヒは，少なくとも形式的に考慮しているのであるが，同時に，そのことから生じる偏狭さを度外視しているのである。つまり，企業というシステムは**生産的**でもあり，**社会的**でもある[2]。この考えがどのような内容を持つのかという問題について，さらに取り上げてみよう。

ウルリッヒは企業をシステムそのものと捉えるのではなく，**制御のシステム**

---

2) 企業は生産を行う人間のシステムということになる。

とみなしている。同時に，ここで明らかになるのは，なぜ社会サイバネティクス的アプローチという表現が用いられたのかということである。というのは，**サイバネティクス**とは普遍的な制御の学問だからである。そして経営経済学にこの考え方を用いることが不都合でないのは，ある程度明らかである。経済組織は指揮や制御が必要な構築物だからである。

　経済組織だけでなく，他の多数の制度においても制御が必要であり，それは当然のことである。ウルリッヒは後の著作において，単に（システム志向的な）経営経済学ではなく，（システム志向的な）**マネジメント学**という概念を用いた。そのことによって，彼は認識的観点のかなりの拡大を行ったのであり，そうすることで以上の事情を考慮しようとしたのである。

> 「たいていのマネジメント学研究者が自らの主張を私経済的な企業に関連づけるのに対し，ここではマネジメント学が関心を向けるべき対象領域をかなり広く捉えている。その対象領域には，人間社会における目的に向けられた制度のすべてが含まれる」（Ulrich [Management] 133）のである。

　「企業」という制度はどのような意味で規則の必要なシステムとみなすことができるのか。このことは次の図から明らかである。(Ulrich [Unternehmung] 126 を一部修正している)。

　企業事象をこのように解釈することは，次のような観念に基づいている。すなわち，「通常の」経営事象では，ある種の**修正の決定**を下すだけで十分である。この場合，経営プロセスの成果（産出）が把握され，目標値（たとえば，製品に関する一定の品質基準）と比較される。意思決定の担当部署は，目標と実際の大きな乖離が認められない場合には，上述の修正の決定を下すのである。このようなプロセスは，企業管理の下方のレベルで遂行される。

　単純な修正の意思決定によっては除去できないような持続的で強い障害が生じることも考えられる。その場合，目標を設定する部署つまり企業のトップに

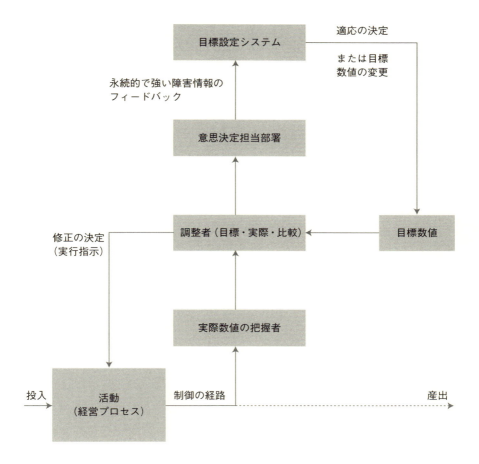

いる人は**適応の決定**を下さなければならない。こうして第2の制御系が明らかとなる。場合によっては，新しい目標値が定式化されることになる。それが結果（実際値）との比較の基礎となるのである。

　経営の実態をこのように解釈することで何が得られるのか。まず，**指揮問題，制御問題あるいは管理問題**を非常に都合よく見極められるようになる。さらに，経済組織あるいは制御が必要なその他の組織は，その**環境の影響に反応しなければならない**構成体であるということも考慮される（この環境をまったく能動

的にコントロールすることも考えられる）。ちなみに，そのような組織は環境に「埋め込まれている」のである。これらのことはすべて，経営経済学の認識対象に関しては原則として**オープン・システム**が問題となるという観念を生じさせる。

このような観点に基づくことにいかなる価値が認められるのかということについては，それがどのような内容を持つのかということからしか判断できないのである。システム志向的な研究が優先的に扱う科学目標を分析すると，それに関して第1の有益な示唆が出てくる。その場合，節のタイトルを（いささか論争的な）問題の形で表すことが合目的的であろう。

システム志向的な研究はどのような目標を追求しているのか
　経営経済学の最も本質的な課題が，経営の実践的問題の解決のために支援を与えることであるということについて，ウルリッヒはほとんどすべての専門家と意見を同じくしている。そのことによって，彼の見解が正当性を持つとも言えるのである。ウルリッヒはこのような要請について，次のように述べている。経営経済学は「実践的な目標として……問題の解決のための方法を提供する……ように努力する学問とみなす」（Ulrich［Unternehmung］160）ことができよう。

　もっとも，この目標を達成すべき方法については，ウルリッヒの場合，跡づけることがまったく容易ではない。彼がこれに関する見解について，何度も修正を加えているからである。以下において，ウルリッヒの論証を追体験してみるが，その主張の確実性についても批判的に検討したい。ところで，彼がドイツ語圏の経営経済学の中でシステム思考のパイオニアであるということ自体が，その正当性を担保している。「あらゆるアプローチは確かに先入観を伴っており，それを前提として学問の認識プロセスがスタートするのである。そして，それが必然的に，このプロセスを通して獲得される認識の可能性に限定を加える」（Ulrich［Systemorientierter Ansatz］43）のである。

何度も言及された彼の主要業績において，『生産・社会的システムとしての企業』という考え方は，合理的な形成という課題に関連して，「考えられるあるいは実際に生じている複雑な事象を分析し，因果関係を探ることを可能にする方法を展開すること」を意味する。別の箇所では次のように述べている。「経営経済学は精神科学に含まれるが，この精神科学と自然科学が根本的に違う性質を持つというテーゼ……は，自然科学で長く普及し，定評を得ている認識獲得の方法に経営経済学がアプローチすることを妨げてきた」(Ulrich [Unternehmung] 160 und 14 f.)。このような方法論的な主張は，形成を行う前に現実の事象が説明されなければならない，あるいは少なくとも同時に行われるべきであるという形でしか解釈できないのである（ウルリッヒがひとまとめに「精神科学」と言っていることについては，ここでは立ち入らない）。

当然，彼はこのようなものの見方に留まったわけではない。1971年に発表した論考では，事実上，元来の立場が完全に放棄されている。「新しいプラグマティズム」を引き合いに出しながら，ウルリッヒは次のことを確認している。

> 「経営経済学は本来的に形成の学であるというのが私の見解である。それは，将来の形成を目指すのであって，単なる説明を目指すのではないということによって，自然科学とは根本的に異なっている。しかしながら，経営経済学が工学と異なる点は，技術的なシステムではなくて，社会システムを構想するということのみである」(Ulrich [Systemorientierter Ansatz] 47)。

さて，経営経済学を「形成の学」とみなすことについては，ある程度賛成である。もっとも，形成の学が説明という基礎を**持たないままである**なら，それが十分に機能するのか，実践的な効果があるのかということが疑わしくなる。それに関してはすでに第2章第2節で述べたので，説明を繰り返す必要はないだろう。

後年，ウルリッヒの研究は方法論的な面で修正を施された。1976年に発表さ

れた論考では，上述の「新しいプラグマティズム」はもはや問題とされていない。そこでは，それに代わって，方法論的な基礎として「知識の進化論的理論」や，それを拠り所とする「理論優位の学」(Ulrich u.a. [Praxisbezug] 140 ff.) という概念を利用しようとした。しかるに，1971年にはまだ，このような手法は「廻り道」だと思われていた。このような問題の移行によって，（そのような形で修正された）システム・アプローチないしはシステム志向的なマネジメント学は，「一方では理論形成と基礎研究を仲介するもの，他方では理論と企業実践を仲介するもの」(Ulrich u.a. [Praxisbezug] 149) とみなされている。本来の方法論的・認識論的立場から離れようとしていることは，そこからはまったく想像できない。

　もっとも，後にこの立場もまた修正を加えられた。ウルリッヒはある論文で，経営経済学から**システム志向的なマネジメント学**へと移行する道筋を示し，その際，「マネジメント学の問題を掌握しようと試みる中で自らがまさしく根底に置いている学問のイメージ」(Ulrich [Managementlehre] 184) についての主張も行っている。そこでは，とりわけ，「応用科学あるいは応用志向の科学が，理論的な学問とはまったく異なる性格を持つことを示す試み」がなされている (Ulrich [Managementlehre] 177) のである。システム論の祖にとって2つが完全に違う種類のものであるということは，以下の点に表れている。

- 理論科学においては，問題は科学それ自体の中に生まれるが，応用科学の場合は，問題は実践の中に現れる。
- 理論科学の問題は1つの学問の枠内において見出されるが，応用科学の問題はそうではない。
- 理論科学の研究目標は理論の展開や理論の検討，さらには，今ある現実の説明に関わるのであるが，応用科学のそれはどのような現実が可能であるかを構想することに関わる。
- 理論的な学問が追求する言明は記述的で価値自由であるが，応用的な学問の

それは規範的・価値的である。
- 理論科学では真理が研究を規定するが，応用科学では有用性がその役割を果たす。
- 理論科学において進歩の基準とみなされるのは，理論の一般妥当性，実証の度合い，説明力や予測力であるが，応用科学ではモデルやルールによる実践的な問題解決可能性である。

ウルリッヒにとっては，システム志向的なマネジメント学が（上述の意味での）応用科学の範疇に入れられるのは当然のことであるが，彼の問題の捉え方の根拠を探らなければ，両者を対比させることの妥当性を疑うきっかけさえも見出すことができないであろう。しかしながら，ウルリッヒの見解を**批判的に分析**すれば，いくつかは的確であるが，たいていはあまりにも緻密でなく，あるいは，完全に間違っていると言えるのである。このことは，すべてのことについて当てはまる。

- 理論的な科学目標を追求する際には，単に**今ある**現実を説明することのみが重要であるわけではない。理論は所与のことだけでなく，将来あり得ることについても情報を伝えるからである。したがって，その中に蓄えられた知識はまさに，実践の改善にも利用することができるのである。それは，改善のための本質的な前提条件でもある（その他の前提条件としてとくに挙げられるのは，人間の原則的な意思，ならびにそのために必要な資源の利用可能性である）。
- （十分に理解された意味で）価値自由的な科学の可能性について，ウルリッヒは無思慮にも過小評価している，あるいは，かかる可能性に気づいていない。
- 数え切れないほどの多くの事例が示しているように，理論的な問題はすべて実践の中で生じている。
- 科学全体を引っ張っている真理獲得への努力と実務家が持つ有用な問題解決

への関心の間には，さまざまな接点が存在する。それは決して脆弱な接点だけではない。
■ モデルや規則の実践的な問題解決可能性は，適用条件を理論的に分析したものを拠り所としてかなり拡張できる。

科学を２つの類型に分割することに対して考えられる反論はさまざまな点に関して容易に拡張することができる。以下においては，その代わりに，ウルリッヒの「システム的な観点」から何が期待できるのかということを検討してみたい。

システム理論とサイバネティクスの可能性

システム理論とサイバネティクスは，ここで議論されている研究の基礎となるものである。それらを採り入れることによって，経営経済学あるいはマネジメント学の学際性は，いわば（さらに）幅広い基礎の上に立つことになる。まずは，システム理論の性格に関するウルリッヒの説明を検討してみよう。

> 「システム理論は，他のあらゆる普通の科学よりはるかに抽象的で無内容である……。それは既存の科学に取って代わるものではなく，その中に新しいパースペクティブをもたらすだけなのであるが，そのことにより新しい問題設定や新しい認識を生じさせるのである」（Ulrich [Managementlehre] 181)。

そして，**サイバネティクス**とは以下のようなものである。

> これはシステム理論の１つの領域であり，諸状態を制御し，統制下に置くという，自然や社会のいたるところに現れる特定の現象に取り組むものである。したがって，それは経験科学であることに間違いないが，あらゆる通常の学問分野とはある意味では重ならない問題領域を取り扱うものであ

る（Ulrich [Managementlehre] 181）。

　以下においては，システム理論やサイバネティクスが，経営経済学に現実科学的理論の形成や説明という課題を残しておくことに実際に適しているのか否かという問題を追求してみよう。ウルリッヒは，（長きにわたった方法論という放浪の旅の最後に）徹底して形成という任務に限定することを強調したが，そのことについてはわずかな賛同が得られるだけであろう。

　まずシステム理論については，何よりもまず，きわめて多くの現象を**記述する**ために特定の言語が重要であることを知っておく必要がある。これらの現象は，個々においては多様なものである。これに関しては，ルートヴィヒ・フォン・ベルタランフィ（*Ludwig von Bertalanffy*）を起源とする一般システム理論の目標設定が，特定の学問分野との結びつきを持たない統一的な**概念装置**を生み出すことにあるとみなされることもあったという事実が興味を引くかもしれない。一見それは魅力的な考えである。このような統一言語は，学問の内部での意思疎通，とりわけ個々の学問分野間の意思疎通をかなり容易にするからである。それゆえ，その支持者たちは，再三再四，システム理論が初めて学際的な手法を実現したことをも強調するのである。

　そのような観念が実現可能であるか否かということを検討すれば，すぐに酔いを覚まさせるような事実に突き当たる。それは，ごく手短に言えば，次のように表現できる。すなわち，概念は，一般的であればあるほど，学問の分析に使えなくなる（ちなみに理論の場合はまったく逆である）。エーリッヒ・グーテンベルクが遺稿の中で（明らかに嘲笑的なトーンで）次のような意見を表明しているのを見れば，少なくとも意味的には，それは正しいように思われるだろう。

　「ウルリッヒのシステム・アプローチは，プロセスの分析の問題にもプロセスの形成の問題にも，方法的な手順を与えないであろう。それは，ただ「自

然」的なシステムや人間が生み出したという意味での「人工的な」システムが存在すること，システムは多数の要素によって特色づけられており，要素間には相互依存関係が存在していること，システムはサブシステムにさらに細分化できること，開放的なシステムと閉鎖的なシステム，決定論的なシステムと蓋然論的なシステム，静態的なシステムと動態的なシステムが存在することが詳細に述べられているに過ぎない。……実際，ウルリッヒは今日のドイツ語の用法（それだけではないが）でのシステム概念の恣意性を超えてはいないのである。……ウルリッヒのシステム・アプローチには，……システムの理念がない。彼のアプローチはぼんやりしたものであり，拘束力のないフレームワークに過ぎないのである。そのようなシステム・アプローチがどのように学問分野の対象を規定する力を持つのかということを理解するのは困難である」(Gutenberg〔Unternehmung〕169 f.)。

それゆえ，システム・アプローチが「抽象的な学際的概念体系を利用できること，それが現実に関する内容的な先入観およびア・プリオリな想定に悩まされないものであること」(Ulrich／Hill〔Grundlagen〕172) をウルリッヒや共著者たちが認めるならば，これらの特質にとくに優位な点を認めることはできないのである。

それでもなお，システム理論やサイバネティクスの手順は純真で先入観のないものではない。このことは，しばしば用いられている**ブラック・ボックスという理念**を手がかりに明らかにすることができるのである。そのことは，ウルリッヒにおいても例外ではない。ここでは，その内容上の問題という観点からそのことを検討してみよう。

ブラック・ボックスとしての経営プロセス

経営の給付生産に関しては，変換過程，あるいはいくらか分かりやすく表現すれば，価値転換過程，つまり投入が産出に変換されることが問題になる。も

第 6 章　学際的研究の黎明　77

ちろん，このような過程を経ることによって価値が高まることが望ましいのである。これに関しては，単純化のために，当然のこととして制御を必要とする経営過程という言い方をする。さて，ウルリッヒによるシステム志向的な考察方法の枠組みにおいては，ブラック・ボックスは次のように説明される。

> システム内部の事象を詳細に捉え，それ相応の因果関係を確認しようとするのではなく，投入と産出という外部から観察できるもので満足するのである。システムそれ自体は，いささか近寄り難いもの，まさにブラック・ボックスとみなされる。しかし，ここでは，単に入口と出口を観察するだけではなく，投入を操作し，その後で産出として出現するものを記録するのである（Ulrich [Unternehmung] 132）。

　この叙述から，システム志向的経営経済学の創始者が持つ（暫定的な？）**テクノクラート的な学問理解**をかなり明白な形で理解することができる。しかしながら，ここで唯一問題とすべき経営過程に関するそのような観念はどのように機能するのか。そして，その中心に据えられた形成目標は実際それに基づいて達成され得るのであろうか。
　まず認めなければならないのは，ブラック・ボックスという考え方が学問に存在しないものとみなすべきではないということである。とりわけ，実験の場合には，ウルリッヒが推奨するものに近い態様で物事が進むこともある。もっとも，企業事象に関して言えば，それは場所によってはまったく不適切であることが明らかである。それだけでなく，「投入の操作」を使っても，たとえば，これまでその意義が十分高く評価されてこなかった個人の勤労意欲という問題には絶対に対処できないであろう。さらに，形成を必要とするこれ以外のかなり多くの問題と同様に，上述の引用文で言及された「システム内部の事象」にまさしく関わる大量の知識が必要になるのである。それを放棄できると考えている人は，結局のところ，実践の形成の品質に関してネガティブな帰結を考慮

しなければならない。社会サイバネティクス的なアプローチが持つ断固たる目標 —すなわち実践の改善— を背景とすれば，それにはいくらかの意義が与えられてもよいであろう。

　このような考察は，経営経済学がシステム理論やサイバネティクス思考を放棄すべきであるということを決して意味するのではない。実際，企業内部のさまざまな絡み合いやその環境関係を顧慮するために，「関連の中で考えること」は重要なことである。さらに，人間領域においては，きわめて多様なフィードバック・メカニズムが重要な役割を演じるのである。ちなみに，そのことは，すでに，アダム・スミスの『国富論』が発行された1776年以降において確認することができる。

　ウルリッヒは，「システム理論とサイバネティクスを人間科学的に重要なものとみなすことに対する多くの経済学者や人間科学者の執拗な嫌悪」（Ulrich [Betriebswirtschaftslehre] 19）に不満を表明したが，それが決して的確でないことは，経済科学の創始者の叙述を指摘するだけで明らかである。しかし，それだけではない。生態学的に規定された経営経済学という形で，同様にシステム的観点に依拠するアプローチが後でひっそりと紹介される。とりわけ，ラディカルな全体の考察さえも問題となるが，その場合，企業とその自然環境との関係を省察することが重要である。

第7章
補足と若干の拡張

Episodische und auf Dauer angelegte
perspektivische Erweiterungen

　過去において，経営経済学には**イデオロギー的な偏りの傾向**があるという非難が何度もなされてきたが，そのことは強ち不当であるとは言えない。すなわち，それは，経営経済学がもっぱら「資本志向的」であり，企業者あるいは資本所有者の利益のみが考慮され，そのことが情報として発信されてきたというものであった。1つの代替的な考え方が，1970年代の初めに現れた**労働志向的個別経済学**（arbeitsorientierte Betriebswirtschaftslehre）であった。これがそれまでの経営経済学と対照させられたのである。その中心にあるのが「保護されるべき従業員」の利益である。このことが研究の中でどのように扱われたのかということについて跡づけることにしたい。その後で，簡単な補足という形で，同様に関心が持たれていた経済領域すなわち**代替経済**（Alternativwirtschaft）に言及することにする。

　労働志向的個別経済学も「代替経済」という研究領域も，経営経済学では一時的にしか注目されなかったが（そうでなくとも，それは付随的なものであった），**エコロジー的な次元を取り入れること**によって，永続的なものとみなされたのである。それは，経済行為の環境関連性が原則的にすべての経営経済の科学プログラムの中で取り扱われるようにしなければならないということを意

味した。(そのことは，もちろん「保護されるべき従業員」に関しても当てはまる。とりわけ第8章第2節を参照)。

第1節　労働志向的個別経済学

労働志向的個別経済学（AOEWLと略称される）は，すでにその**生成の歴史**からして特別な位置を占めていた。それはドイツ労働総同盟の経済・人間科学研究所（WSI）におけるプロジェクト・グループによって**大学教育の範囲外**で展開されたものである。1974年に公表された研究のタイトルは「労働志向的個別経済学の基本要素」というものであり，「企業の政治経済学への貢献」という副題がさらにそれを正確に規定している。

現在の観点からすると，この研究はこの分野の近年の歴史における**エピソード**とみなさざるを得ない。それは，広範な影響を残したわけではないし，後になってさらなる展開が試みられることもなかった。しかし，歴史的な観点から見れば，いろいろな点において通常の思考様式とは**対照的な研究**であったので，ここでそれを紹介し，批判的に評価すべきであろう。その当時，ドイツ労働総同盟の内部でそのようなアプローチが生まれたのは，結局，労働組合の利益が通常の経営経済学によって十分に考慮されていないと感じられていたことのシグナルともみなすべきである。

> 経営経済学の全体への批判はすでにタイトルに現れているが，プロジェクト・グループないしは著者のチームは，それを以下のように説明している。「**労働志向的**」とは，……論述の方向付けであって，それは，社会のさまざまな領域における保護されるべき従業員の利害に眼を向けるのである。……それと対峙しているのが……「**資本志向的**」という概念であり，それは資本利用の利益をもっぱら志向する行為を特徴づけるものである。「**個別経済学**」が意味するのは，……財およびサービスの生産と販売に関す

る自律的・経済的な意思決定単位についての学問であるということである。それゆえ，この意思決定単位は，まず第1に，全体経済的な制度とは明確に区別される。第2に，経営経済学（BWL）の輪郭が明確になる。しかも，それは，定式化されねばならない教義史のように重荷を背負っている「経営経済学」という概念に取って代わろうとする努力から生まれたのである」(Projektgruppe ［Grundelemente］11)。

解放合理性の公準

労働志向的個別経済学の枠組みにおいては，**解放合理性**あるいは**労働志向の合理性**という観念が展開されたが，これをこの研究の中心的な指導理念であるとみなすことにはいくばくかの正当性が見られる。この概念は一見しただけでは理解するのがいささか難しいが，視線をまず「対立する立場」に向けるとよりよく理解できる。すなわち，「従来の」経営経済学やそれに基づく経営実践には，**資本志向的な合理性**が看取されるのである。この資本志向的な合理性の特徴は以下の通りである。

「……手段と目的の評価に関わる諸要因の数量化が行われる。すなわち，投入された手段（資本）も獲得された成果も貨幣的数値で測定・表示され得るのである。そのことによって，ある意思決定の合理性は，一定の部分的に恣意的な仮定の下で，比較的簡単に確認できるようになる。それは利益あるいは損失という形で直接的に明らかとなるのである。その際，収益的な生産が可能で，資本の安全な利用が保証されている限り，手段や目標の質には副次的な意義しか認められないのである」(Projektgruppe [Grundelemente] 98)。

批判的に見れば，このような特徴づけによって，経営経済学的な思考様式や記述様式に関してきわめて特徴的である事態に気づかされるのである（それは

当時のものだけに限ったことではない)。このことを背景とすれば，一方では資本志向の合理性，他方では解放合理性・労働志向の合理性を対照させることも納得がいかないわけではない。

この研究における合理性という観念は，これに続く論証に従えば，いくつかの次元でしか把握できないものであり，それゆえ，それなりに複雑な基準が用いられなければならない。これに関しても，原典の説明を見てみよう。

> 「解放合理性に基づく思考は……『生活の質』を出発点とする。それは，質的な要因によっても量的な要因によっても厳密に規定することができる。……解放合理性は，非常に多くの次元，とりわけ質的な次元を多く含むものであり，それは，貨幣額，財務的な利益あるいは損失によってはほとんど表現できないものである。それゆえ，解放合理性のレベルでの『思考』は，きわめて複雑なものである……」(Projektgruppe [Grundelemente] 98 f.)。

この研究における観念は，貨幣数値および数量化できる要因（たとえば，生物学的，生態学的およびエネルギー関連的な要因）の他に，人間科学的な事実（行動様式，態度等）ならびに質的な次元も考慮されなければならないということを明らかにした。そのような叙述には曖昧さがつきものであるが，それでもあまりにも厳格な基準を立てるべきではないという意見にはまったく賛同できる。プロジェクト・グループは，これに関して次のように正当な指摘をしている。すなわち，「解放を目指した思考が本来的にイデオロギー的で恣意的であるように思えるという理由で，資本志向的な思考の計算可能性が客観性や科学性を持つものとみなされてはならない」(Projektgruppe [Grundelemente] 99) のである。その限りにおいて，中間的な結論として次のことを確認することができる。すなわち，解放合理性の公準の中に現れている中心的な観念，少なくとも**ヒューリスティックな観点**において，ある種の道標として，疑いなくいくらかの意義が認められるべきである。

労働志向的個別経済学の研究内容

　保護されるべき従業員および彼らの利益に意識的に焦点を絞ることは，解放という観念によって主導されているのであるが，その理由は次の如くである。

> 「解放ということは，必然的に，社会においてこれまで所得，財産，処分権等を十分に与えられなかった個人または集団に関連している……。このことは，労働志向的な利益すなわち保護されるべき従業員と解放合理性の間の密接な関係を明らかにするものである」（Projektgruppe［Grundelemente］30）。

　考慮される諸々の利害には，個別経済的な事実の他に全体経済的な事実も関わるのである。前者の**個別経済的な利害**すなわち保護されるべき従業員のそれは，次の3つの問題領域に関連している。

- 職場の確保
- 所得の確保
- 労働の最適な形成

　最初に挙げられている**職場の確保**に関しては，現実に即して，職場が絶対的に確保されることはあり得ないということが前提となっている。それに対して，職場が相対的に確保されるということは，現代の産業社会の条件にふさわしいことである。それは，変化する状況への職業上の適応を求めるものであり，そこでは職業教育や再教育が大きな意義を持つ。これに関しては，大まかなスタイルを適応させることが必要な場合には，かなりのコンフリクトが生じ得ることに注意することが必要である。プロジェクト・グループはさらに，「資本あるいは従業員という要素には柔軟さが必要なのか」という問題を提起している。この問題については，以下のように回答されている。それは労働志向的個別

経済学が持つ特殊な見方を考えればもっともなことである。「地域を移動することにより職場を確保するコストは非常に高いので，このような移動の形態は，職業上の適応を伴う産業移住（Industrieansiedlung）政策の可能性によって回避されよう」（Projektgruppe [Grundelemente] 104 f.）。このような立場の背後に広範に影響を与える秩序政策の問題が隠されていることについては，とくに強調する必要はないであろう。

2番目に挙げられた**所得の確保**への利害を導き出す場合にも，それを実行する際の困難は，最初に仮定されるよりもかなり広範な困難性を招来するのである。そのことは，たとえば，以下の発言（ないし異論）に現れている。「個別経済的には，場合によっては，他者（消費者，別の企業の従業員）を犠牲にして，利益と並行して賃金を高めることができるであろう」（Wächter [Herausforderung] 312）。

3番目に挙げられた**労働の最適な形成**は，「労働領域での発展の可能性を生み出すという目標を持つ労働条件の変更に関連する」（Projektgruppe [Grundelemente] 126）。それは，**労働の人間化**をめぐる努力と密接に関連しているのであり，決して労働志向的個別経済学の枠組みにおいてのみ大きな意義を与えられるのではない。とりわけ行動理論的研究においても重要な意義を持つ（第8章第2節を参照）。プロジェクト・グループもそのことを認めてはいるが，テクノクラート的な労働の形成と解放的な労働の形成とを峻別することに価値を認めている。これが実際に説得力のある論拠となるか否かということは未解決のままである。

上述のような個別経済のレベルでの利害を貫徹することについても，同様に3つの研究内容の範囲内で論究されているのである——これについても**全体経済的な観点**が関わっている。その際，全体経済の構造変化を伴わずにはそれは不可能であるということが前提となっている。それらを個々に詳細に考えることとする。

■生産の制御
■私的・公的に利用され得る財の供給
■利益分配を犠牲にして名目賃金を上げること

生産の制御についてのアプローチは，理論的に3つの範疇に分けられる。それは，「goods」，「bads」，「antibads」という生産物の類型化に基づいている。アングロサクソンの文献から引き継いだ私的な財やサービスあるいは公的な財やサービスという区分が問題となる。それは次のように用いられる。

> 「〈goods〉とは，全体経済の効用を増やし，人間の欲求を満足させるような財やサービスのことである……。
> 〈bads〉は，生産によるネガティブな効果のことである。それは欲求を満たすのではなく，むしろ人間や環境を危険にさらし，負担をかけるのである。……。さらに，寿命や品質などに関する製品の利用可能性の減少も「bads」に含められなければならない。それらは，計画されたが，技術的にも原価的にも正当化され得ないものである。
> 〈antibads〉と言われるのは，生産の有害な効果（bads）を除去する，あるいは減少させることに寄与する……財のことである」（Projektgruppe [Grundelemente] 132 f.）。

実際，もっぱら収益性を志向した生産においては，〈bads〉と〈antibads〉の製造が個別経済的には疑いなく価値あることとみなされることがある。それについては，多くの事例を挙げることができる。さらに，このようにして，職場や収入が生み出される。それらは，**外部コスト**ないし**社会的コスト**を伴うにも拘わらず生み出されるのである。あるいは，そのことゆえに生み出されるとさえ言えるかもしれない。

そのような実践は明らかにいかがわしい。プロジェクト・グループは以下の

ように否定している。

> 「満足させられた欲求に関連づけて考えると，……badsやantibadsを生産することは労働，時間および材料の無駄遣いである。損害や負担を発生させないように生産を組織・制御することができるのであれば，対抗手段の生産も不必要であり，生活の質にネガティブに関連づけられることもないのである」(Projektgruppe [Grundelemente] 133 f.)。

　このことは疑いなく重要な根拠である。しかし，それ自体として考えると，全体経済の立場から生産を制御することの必要性を根拠づけるのに十分な論証であろうか。これに関して，たとえば，実際に一般的な欲求充足を確保するために，どの機関に制御が委ねられるべきか，その情報の状態はどうあるべきかといった問題が生じるのである。ここには**制御の知識に関する思い上がり**があるのではないか。そもそも，どのような欲求が考えられているかという問題も広範な問題をはらんでいるし，論理的な観点から見ればもっと優先的に問われるべきであるとさえ言えるのである。

　私的・公的に利用可能な財を供給することの全体経済的な側面に関して，著者たちは，「市場の影響メカニズムないし自律的な企業の意思決定からかなりの程度で経済財を引き離すこと，そして，それの製造を明確な政治的意思決定に委ねること」が必要だとみなしており，同じ箇所で，「製品の使用の条件を……消費者のために合理的に形成する」ことの必要性が指摘されている (Projektgruppe [Grundelemente] 146 f.)。これに関して，たとえば「特定の製品を意識的に陳腐化させたり，無価値にしたりするのを制限すること，そして，度を超えた流行現象という状況を制限すること」が求められている (Projektgruppe [Grundelemente] 148)。おそらく，これらのことには無意識的に同意されるかもしれないが，修辞学的な問い方をすれば，「度を超えた流行現象」とみなされるべきものを誰が決めるのか。

利益分配を犠牲にして名目賃金を上げることは，分配政策の問題である。いくつかのアプローチが見られるが，それらは保護されるべき従業員の現況を上辺だけ改善するに過ぎないのである。それらの議論によれば，以下のような戦略が提案される。

> 「成功の見込まれる唯一の代替案が実現するか否かということは，保護されるべき従業員あるいは労働組合が，国民所得からの利益分配を犠牲にして名目賃金を上げ，同時に，自己金融比率（Selbstfinanzierungsrate）が低下した場合にも投資性向が保持され続けるように，企業の行動様式に影響を与えることが可能か否かということにかかっている。これは再び，企業の価格設定に関する自律性を制限することが前提となる」（Projektgruppe [Grundelemente] 152）。

ここで詳細に追求する必要はないが，最後の研究上の重点についても，ドイツ連邦共和国の経済あるいは社会の秩序への重大な介入を意図するものとなっている。当時，経営経済学の内部では，そのようなコンセプトはほとんど全面的に拒絶されていた。それゆえに，この問題に取り組んだのである。そのことは，プロジェクト・グループが建設的な批判をしたという点を考えると，正当化できないように思われる。そのような批判として，たとえば，経営経済学において広く見られた合理性の偽装（Rationalitätsverstellung）に関する批判が挙げられる。たとえば，企業の競争ポジションあるいはイノベーション能力に関する発見的方法は，経済的に疑いなく重要な多くの問題設定をすべてフェードアウトさせてしまったのである。さらに，労働志向的個別経済学によるそれぞれの研究上の重点は，隣接科学に対して学問分野を境界づけることの疑わしさを明らかにしている。時として一面的ではあるものの，とりわけ人間科学の認識を（原則的に）取りこむことは，システム志向的なアプローチの場合よりもはるかに説得的であると言うことができる。

それに対して，保護されるべき従業員の利害に一面的に関わることは，明らかに憂慮すべきものと思われる。それは，労働組合の（闘争）戦略を展開するという意図において頂点に達する。労働組合が他の制度や集団と同様に科学的な助言を受ける正当な利害を持つことは認められなければならない。そのためには，労働志向的個別経済学に特徴的に見られるような極端な党派性は必要ないのである。

最後に，学問内部の理由から次のことに留意しなければならない。すなわち，経営経済学が利害に導かれた方向へと四分五裂することは，理論の発展にとっても斯学の実践的な目標の追求に関しても，きわめて不利に作用するに違いない。折に触れて述べたように，ここで成功の見込みがあるのは，「対抗学説の中で従業員の利害を考慮するのではなくて，それを経営経済学の中に統合すること」(Chmielewicz [Kapitalismuskritik] 13) なのである。

補足：経営経済学の対象としての代替経済

労働志向的個別経済学の対象は「従来の」企業であり，企業では依然として「労働」と「資本」という要素が共同作業をしている。このような企業において保護されるべき従業員の利害が（一面的に）主題とされるのである。しかし，たとえば1980年代の初め以降に，ドイツ連邦共和国の経済の内部で，根本的に新しいタイプの企業とまでは言えないが，別のタイプの企業ないし別のタイプの経済セクターが出現した。それが**代替経済**（Alternativwirtschaft）である。

代替経済は，その思想ないしイデオロギー的な基礎として，（それよりはるかに古い）**協同組合運動**と関連している（これに関しては，Hettlage [Genossenschaftstheorie] を参照）。代替経済においては，個々の経済単位は**自主管理経営**（Selbstverwaltungsbetrieb）と称される（「古いタイプの」自主管理経営に関する経営経済的問題の分析については，Nücke [Arbeiterselbstverwaltungsunternehmen] を参照）。

「新しいタイプの」自主管理経営すなわち**代替経営**（Alternativbetrieb）に関

しては，当時の経営経済学はほとんど取り上げることがなかった。これは，いわば経営経済学というサーチライトによって照らされる範囲の外部，あるいは，せいぜいのところ周辺領域にあると考えられていたのである。このセクターが量的に見て重要度が低いということがその理由であったことは確かである。信頼できるデータによれば，当時のドイツ全体で，4,500の自主管理経営が約28,000の職場を有していた（Berger u.a.［Betriebe］189）。

　約言すると，1980年代初頭に代替経済が発生した条件は，次のように描写できる。それを招来した主な原因は，ドイツ連邦共和国における根本的な**雇用体系の構造変化**であり，1970年代中盤以降，「求職している人すべてが，自分の能力に見合った，生活を保証するようなフルタイムのポジション」（Berger u.a.［Betriebe］3）を見つけるチャンスがあるとは言えないという事実である。

　しかし，別の要因もあった。すなわち，代替経済の発生が**価値の変化**という社会全体の**現象**とも関連づけられなければならないのである。その当時，「静かな革命」と感銘深く呼ばれたこのプロセスは，人間の生活スタイル，そして，その労働志向性や消費行動に影響を与えた。経済全体がそれに関わるのであるが，自主管理セクターは，労働スタイルや消費スタイルの変化を実現するための，明らかにより広い範囲に及ぶ可能性を提供したと言える ―それはまさしく代替的な生活形成の可能性である―。このことは，それが持つ魅力の一部を明示している。もっとも，それに関しては，そのための犠牲もしばしば少なからぬものであったということも付言すべきである。それは，たとえば，一部の所得の断念，無制限の労働時間，長時間労働等の形態の犠牲である。

　なぜ代替経済を問題にするのかということは，以下のような，自主管理経営の**理念型**に特徴的な形成原則を見れば理解できよう（これについては，Berger u.a.［Betriebe］におけるさまざまな論文を参照）。

同一性原理：従業員と所有者との間には人格の同一性がある。雇用者の役

割は，従業員という集団の中で止揚されている。
民主主義原理：あらゆる従業員は，個人の資本投入とは無関係に，同じ意思決定権を持っている。
生活必要原理：経営は構成員の生活の維持に寄与するものである。蓄積された利益は，個人所有のために用いられるものではない。
循環交代原理：仕事場は組織的に交代される。専門家主義は可能な限り生じないようにされるべきである。
統一賃金原理：同じ労働時間に対しては同じ賃金が支払われるべきである。

　経験の教えるところによれば，このような原理を実現することはかなりの問題を生じさせる。その一部は，妥協によってのみ実践され得るのである（これについてはKück［Kooperative］を参照）。また，上述の条件の下で，明らかに準最適な資源配分が行われるのが常であるという認識に至る道もないのである。
　もちろん，このことは，経営経済学が代替経済に取り組む必要がまったくなくなったことを意味するのではない。それに反対する論拠は少なくとも2つある。以下の通りである。

[1] さまざまな理由から従来の経済においては自分に適した職場を見つけることができない人間が常に存在する。もちろん，求職者に原因があることもある。それに当てはまるのが，当時このような人の間で「代替案のための代替案がない」と婉曲的に話題にされた事態である。
[2] 同じく，さまざまな理由から，従来の経済において職場を見つける意志がない多くの人間が存在する。

　以上のことから，さまざまな形態の代替的な経済活動を無視する，あるいは，もっぱら批判的に論評するのではなく，前向きに取り組むべきであるという経営経済学に対する要求が導出される。そして，また，次のことに留意すること

も重要である。昔から，**ユートピア**は，文学や哲学の中で根拠なしにあるいは偶然に重要な役割を演じてきたのではない。なにゆえに，ユートピアは学問の思考をも鼓舞することができるのか。

第2節　経済活動の環境関連性
　　　　―エコロジー規定的な経営経済学の概要―

　生産と消費の付随的現象や帰結として自然破壊が徐々に進行しているが，かなり以前から，**1つの領域としてエコロジー的な道徳意識が見られる**（Picot [Umweltbeziehungen], Strebel [Umwelt]）。それと並行して，実践における「環境マネジメント」が不可避なものとしてより強く認識されるようになっている。次のような叙述は依然として印象的であるが，それは環境問題に関しての体系的な思考が明らかにされていることを示しているのである。ホルスト・ビーバー（*Horst Bieber*）による論説に由来し（DIE ZEIT vom 6. 1. 1989, S. 1），エコロジーの問題性やその経済的背景の広がりに強く注意が向けられることとなったのである。

　「まず，われわれは世界的な規模での原因と結果の連鎖に気づく。アメリカのファストフード店のためにブラジルあるいは中央アメリカの熱帯雨林が伐採され，そこにおいてハンバーガーの材料となる家畜のための飼料用大豆が栽培されるならば，気候は変化し，アメリカの小麦地帯においてその世紀で他に類を見ない干ばつが起こるという事態につながる。ネパールで山林が燃料として使い果たされれば，雨水が流れ出て，ただちにバングラディッシュがさらにひどい洪水に苦しむことになる。また，赤道のアフリカにおいて森林が伐採され，熱帯の高級木材が輸出されるならば，砂漠が広がるのである。」

　確かに，われわれは，経営経済学による**エコロジーの論究**が部分的には順調

に進められすぎて，多大な負担となる「エコノミーとエコロジーの融和」が，時折あまりにもあっさりと口にされるという印象をぬぐうことができない。幸いにも，適切な努力がなされ，経済活動の環境関連性は経営経済学の認識対象になった。それどころか，このような対象は中心的なものであり，経営経済学の**あらゆる**研究において一定の地位を獲得するべきであり，後回しにされてはならなかったのである。

エコロジーの問題性が徐々に「発見」されたことは，以下のような**段階的シェーマ**を用いて説明されている（Günther［Umsetzung］131 f.）。それは意識的にポスターのような体裁となっている。

■無視から環境に対する関心へ
　（1970年代初頭）
■環境の意識から環境保護活動へ
　（1980年代初頭）
■環境保護の職業化
　（1980年代の終わり）
■環境ヒステリーもしくはエコロジー的な組織展開
　（1990年代）

エコロジー志向的ないしエコロジー規定的な経営経済学のアプローチはエーバーハルト・ザイデル（*Eberhard Seidel*）とハイナー・メン（*Heiner Menn*）によっておそらく最初に構想されたのであるが，それには綱領としての意義が与えられるべきである。これはさまざまな補足によって豊富なものとなり，以下の説明の中心に位置づけられている。エコロジー的な重要性を取り上げる経営経済学の根拠と緊急性は次の通りである（Seidel／Menn［Betriebswirtschaft］9）。

この10年間に経営経済学が人間的な側面に対して広く開かれたが，今やエコロジーへの開放が時代の要請である。企業による経済活動の自然環境に対する帰結が，経営経済学によって単に副次的にしか取り扱われないか，まったく取り扱われないということに対しては，これ以上我慢ならないことである。エコロジー志向的およびエコロジー規定的な専門的議論が，活発化され，促進されるべきである。

環境思考に規定される経営経済学は，包括的な代替案としてではなく，他のアプローチを補完するものとして理解される。そのことには明白な根拠がある。すでに述べられたように，根本的には，すべての経営経済学的な研究は，エコロジーの問題性に関する新しいデータに対して開放的でなければならないのである。以下の叙述は，若干の側面に（これまでの考察様式から少し乖離している側面）にやむなく限定されている。

■経済学によってエコロジーの問題性が以前から無視されてきたことの根拠
■いくつかの方法論的および理論的側面
■選択された実践的な結果

いかにして経済科学はエコロジーを無視するに至ったか

何よりもまず問われるべきであるのは，次のことである。ケネー（*Francois Quesnay*）などの重農主義者もアダム・スミス（*Adam Smith*），リカード（*David Ricardo*）などの国民経済学の古典派も，あらゆる**経済活動が自然に関連**することを前提としたが，それにも拘わらず，何故にエコノミーとエコロジーの関係が問われなかったのであろうか。

ザイデルとメンによると，**工業化のプロセスを背景とする新古典派**による科学的な論述よって，エコノミーとエコロジーの関係は徐々に問題にされなくなった。しかし，エコロジーの問題性は，単に新古典派に特有の抽象化という

方法の犠牲になったというばかりではないのである。第2の原因は，自然環境が**自由財**すなわち無制限に無料で利用できる財とみなされたということである。通常は，それが当然のことと考えられていたのである。

新古典派経済学に特有の**自然を考慮の外に置く**ことが経営経済学的な思考をも規定したのである。そのことは，グーテンベルクが新古典派の思考様式を継承したことを考えると，取り立てて驚くことでもない（第6章第1節を参照）。自然という財が資本（土地）あるいは経営手段または材料の範疇に入れられる生産要素のシステムを振り返ってみることも，有益なことである。すなわち，「太古の昔の採集者や猟師にとって，そもそも〈自然〉はただ1つの生産要素であり，彼らにとっては，生産的要素の通常のシステムにおける自然以外の生産要素は必要なかったのである。より正確に言うと，経済行為やその理論において支配的である自然を考慮の外に置くということは首肯されないであろう」（Seidel／Menn [Betriebswirtschaft] 16）。

意図されない行動の帰結であるエコロジー問題と「ソフトなデータ」

自然の生存圏が意図することなしに損なわれる，あるいは，すっかり破壊されるということを前提とすると，エコロジー的な問題性は次のことから明らかになる。すなわち，経済主体のさまざまな行動や行為が，**意図されない**（マイナスの）**副作用**を環境に与える。意図されない多くの副次的な作用が社会において見られるので，エコロジーの問題性は特殊なケースとみなされ，それはドラマチックなプロセスとして現れる。

意図されない副作用の**発生条件**として，次のものが挙げられる（Seidel／Menn [Betriebswirtschaft] 52 ff.）。

- 不十分な知識と不完全な情報に基づく予測の失敗，誤った情報の利用，他の優先順位に基づいた結果の放置および無視という意味での**認知的な与件**。
- 固有の**状況条件**，その影響は分かりやすい例で説明される。「今日でもなお

第7章　補足と若干の拡張　95

当然のこととみなされているように，〈環境政策〉は公共負担の原則に従って行われ，租税や公課による規制も存在しないと仮定するならば，外部的な効果としての環境の破壊は，行為条件の中において（構造的に）組み込まれる。〈損害を与える人〉が長期的には〈被害者〉となることもあるということを度外視すると，環境破壊は実際にはやむを得ないことである。個人の行動は合理的なのである。環境破壊を惹き起こした者に，その行動によって多胎するマイナスの影響は帰せられず，したがって，彼は，そのことを手段選択の基準とする必要はない」（Seidel／Menn［Betriebswirtschaft］54）のである。

■複雑なシステムのつながりにおける，見渡せない相互依存関係としての**結合プロセス**

このように考えると，エコロジーの問題性が明らかとなる。それは次の通りである（Seidel／Menn［Betriebswirtschaft］57）。

> 行為の意図に基づくのではなく，きわめて複雑に絡み合った秩序構造に対する連鎖的影響が自動的に生じることによって，誰も計画せず，望まず，予見しなかった破壊の物語が創造されるのである。

経営レベルでのこのような気がかりなプロセスに，どのように抵抗することができるのであろうか。次のことが想起される。

■エコロジーと経済の関連について学習することの意義。**組織開発や人材開発の問題**とみなされなければなならない。
■**問題に適合する組織構造や管理構造を構築する必要性**。
■可能な限り環境負荷を考慮に入れた完全な**決算報告書の作成**。
■進化的に発生してきた相互作用の制御や統制のための計画策定システムの構

想。

　このような解決への接近を技術主義的な観点から考える場合，絶えず「**ソフトデータ**」に依拠しなければならないという難点がある。実際，多くの理由から，環境情報は数量化され得ないのである。それらは，一般的な測定技術的問題，実際の環境負荷の評価，エコロジー的な会計の枠組みにおける環境保護投資のあまり正確ではない配分計算にまで及んでいる。

　ザイデルとメンは，ソフトデータの取り扱い方を教育問題として，二重の関係で述べている。一方では，ソフトデータによって計画が策定され得るということを学ぶことが必要である。他方では，この学習を通じて，ソフトデータは少しずつ「よりハードなもの」になる。すなわち，多くのソフトデータは，必ずしも永久にソフトであり続けるとは限らないのである。社会・経済・エコロジー的な影響構造の知識状態が増加する場合，その一部はハードデータへと移行する。それはある程度は十分に操作可能なものとなる（Seidel／Menn［Betriebswirtschaft］61）。

エコロジー的なコントローリングと経営経済学の新しい研究分野

　エコロジーの重要性は，制度的および人事的にいかにして定着させられるのであろうか。次のようにも問うことができる。エコロジーの問題性はいかなる経営的範疇に入れられるのか。ザイデルとメンはさまざまな形式的および実質的な根拠を指摘しており，それらによると，**コントローリング**の内部において制度化すること，**経営の環境保護受託**に関する担当者を配置することが合目的的であるように思われる。

　形式的な点において，**情報問題**は解決され得る。すなわち「情報という問題における企業管理の**専門的な支援システム**としてのコントローリングは，これに関しては本来的に権限を有している。そして，環境問題の影響を受けるすべての企業領域に関する意思決定に関わる確実な情報の調達が問題となる

(Seidel / Menn [Betriebswirtschaft] 116)。このようなコントローリング機能の中心的な役割は，すでに述べた**エコロジー的な会計**の発展において見られる。これには，経済活動を通じて惹き起こされた環境負荷を把握し，評価するという目的が与えられている。

実質的には，**安全性マネジメントの問題**が重要である。すなわち「エコロジー的に無思慮で有害となる経済活動は，自然環境破壊をもたらすということで，それを惹き起こす企業の存在それ自体をも長期的に脅すのである。当然のことであるが，自然破壊が影響を及ぼし始める前に国家や社会は予防的に行動するし，また，行動しなければならないのである。環境破壊に対して製造者責任が課されることは，おそらく時間の問題であろう（Seidel / Menn [Betriebswirtschaft] 120）。

エコロジー的なコントローリングの**実行困難性**は，慣習的なコントローリング構想が企業の利益によって支えられているということにおいて見られる。他方では，エコ・コントローリングに関して，明白な利益が想定され得ないのである。安全性マネジメントの問題に対する簡単な批評から推定され得るように，エコロジー的な利害の考慮は，個々の企業の利益の問題でもある。しかし，それゆえに，エコロジー的な利益は減少させられる可能性がある。というのは，そのための可能性に経済的な限界が設定されているからである。そこで，エコロジー的なコントローリングのための基本的な準備の際には，「経営の日常における水増しが，絶え間ない現実的な危険である（Seidel / Menn)[Betriebswirtschaft] 123」と言うことができる。

著者はその叙述の最後で，経営経済学にいかなる新しい観点が**エコロジーに取り組む**プロセスで生じるのかということを考察している。完全であることは求めず，われわれが認識しやすいように，伝統的な経営経済学の多くの分野に影響を及ぼしているさまざまな活動領域ないしは研究領域が挙げられている（Seidel / Menn [Betriebswirtschaft] 125 ff.）。

- ■**計算制度**：エコロジー志向的な計算制度の展開。
- ■**租税**および**財務**：エコロジー的に効率の良い課税や資金調達の展開および形成における協働。
- ■**ロジスティクス**：立地，調達および在庫管理に関する意思決定，ならびに，経営内的および超経営的な輸送経済的な事項についての協働やエコロジー的なコンサルティング。
- ■**情報**：情報システムの開発と組織，そして，EDV（電子データ処理）の利用によるそれらの支援に関する協働。
- ■**製造**：環境に優しい生産工程の開発と維持におけるコンサルティングおよび協働。
- ■**マーケティング**：エコロジー志向的なマーケティング戦略の展開，ならびに，経済活動や経済活動に近い制度へのコンサルティング。これらは，商業的なマーケティングという意味において行われるのではない。

以下においては，概観されたアプローチ，さらにいくつかの問題に対する注意を促すことにしたい。それらは，エコロジー規定的な経営経済学の問題である。

「環境破壊を惹起する主体」としての企業とエコロジー的な製品ライフサイクル

かなり以前より認識されていることであるが，経済活動は**価値創造過程**（Wertschöpfungsprozess）である。それに環境負荷あるいは環境破壊が伴うことを看過することができないならば，一面的な考察方法が存在することが明白である。すなわち，企業は**環境破壊を惹起する主体**でもあり，したがって，生産的であると同時に破壊的なシステムであると言うことができる（Dyllick [Unternehmensführung] 398）。エコロジー的な損害の発生は，いわば価値創造のために支払われるべき価格である。

このような認識の経営経済学的な意義は，製品ライフサイクルという概念を修正することが重要であるということにある。エコロジー的な損害は，まず製

造業において**直接的な環境破壊の発生**として出現し，その限りではもっぱらこの責任領域のみの問題である。川上ならびに川下の生産段階における**間接的な環境破壊の発生**に関しては，もっぱら共同責任が前提とされる。このプロセスは，原材料およびエネルギーの獲得から始まり，輸送および消費，さらには廃棄物処理にまで至る。したがって，環境破壊発生の連鎖は，「われわれが良く知っている価値創造連鎖よりも，はるかに長く，より広範囲に及ぶ。なお，通常は，価値創造連鎖と言えば，企業内部でのそれに限定されている」（Dyllick [Unternehmensführung] 398）のである。

　したがって，**エコロジー的な製品ライフサイクル**は，本質的により早く始まり，廃棄物処理ないしはリサイクルで終わる。それと同時に，環境破壊の発生の範囲が適切に評価されること，また，これを減少させるための有効な戦略（節約的な資源投入，負荷を惹起する排出の削減，さらには，廃棄物の削減など）を展開することは，**企業を超える観点**を必要とするのである。

環境を意識する経済活動の企業政策的，組織的および人事経済的な側面

　環境を意識する経済活動は，しばしば，きわめて技術的問題とみなされる。すなわち，排出量の削減，廃棄物の活用，製品の製造あるいは利用の際の故障を可能な限り阻止することには，特定のテクノロジーが必要とされる。しかし，これはいささか表面的な考察である。なぜならば，「意識を変える職務」ということが根本的に重要だからである（Pfriem [Unternehmenspolitik] 112）。それを克服するために，それ相応の**企業政策的な方針決定**，適切な**組織的予防措置**および目的適合的な**人事経済的方策**が必要となるのである。

　実践において，環境保護が「経営者の担当すべき事柄」であるとみなされるならば，経営者には大きな**企業政策的な価値**が与えられなければならないという評価が見られるのである。超党派的な環境保護団体であるB.A.U.M.は，**環境を意識するマネジメントに関する規範**を提示しているが，その最初の部分は，まさしくこの企業政策的な次元に言及している。「われわれは，環境保護を上

位の企業目標に組み込み，企業管理についての諸原則にそれを受け入れている。それを実現することは，1つの持続的なプロセスである。」

　最上位の管理レベルへの組織的な編入は不可避である。というのは，環境保護の思考を企業に確実に受け入れるめには，**支配力のあるプロモーター**が必要だからである。実際，このことは想像に難くはなく，多人数の管理チーム内では特定のメンバーに（場合によっては追加的な）責任領域として環境保護が委ねられるのである。この責任遂行は，他の管理領域と同様に，以下のように理解され得る。

> 「人事担当取締役はすべての経営部門における人事に関する事項を統括するという権限と義務を持つ。ただし，他の部門に直接的に干渉することはできない。それと同様に，環境担当取締役は，企業のエコロジー的な事項を実行するための部門を超えた存在たるべきであろう」（Winter［System］125f.）

　さらに，**企業の理想像**および**管理原則**においてエコロジー的な観点や目標設定を考えることに心を配るのが，最高レベルの管理に課せられる職務である。このことは，企業全体にわたる環境意識の形成に貢献し得るし，より長期的には**企業文化**を醸成することもある。

　結局は，最高位の管理の管轄領域において，企業全体およびそのさまざまな業務領域に関する**エコロジー的に正当化された戦略の策定**が行われることになる。このことは，製品イノベーション，製品バリエーションおよび製品排除に関して，エコロジー的に正当な基準値を通じて行われる。

　環境保護は，部分的には，必然的に**専門的プロモーター**としての専門家の役割でなければならない。その際に，何よりもまず**環境保護の受託者**について考えなければならない（もちろん，それのみではない）。そのことについては，すでにエコロジー的なコントローリングに関して注意を喚起した。組

織的な観点において，彼らは典型的な横断的機能を果たすのである（Schanz [Organisationsgestaltung] 185）。それは次のような部分的役割を含んでいる（Frese [Organisation] 2436）。

- **情報の役割**は，企業において利用される生産方法の環境への有害な影響について協働者に啓蒙すること，および，環境についての法律から生じる義務を指示することにある。
- **代理機関の役割**は，たとえば認可手続や事故の報告の際に，企業外部の人間や制度に対する広報に関わるものである。
- **イノベーションの役割**は，環境に優しい製品や生産方法の開発および導入の提案に関連する。
- **監視の役割**は，法的な規則や企業内部の規範に関するチェック活動を包括している。したがって，場合によっては，環境保護によって生じる原価の把握と分析も含む。

このようなポジションを組織的に組み入れることは，一般に企業規模やその構造に左右される。事業部制の場合，それは個々の部門ないしは事業領域に帰属させられ，さらに，本社機構にも配置され得る。それらの間の調整は，環境問題のための委員会において考えられている（Schanz [Organisationsgestaltung] 185）。

エコロジーを意識する行動を開始し，それを継続させるためには，上述の支配力のあるプロモーターや専門的プロモーターの他に，**過程的プロモーター**も必要である。というのは，環境保護という考え方が，あらゆる階層レベルに浸透させられなければならないからである。したがって，遅くともこの段階で**組織開発**の「哲学」や手段が関与させられることになる（Günther [Umsetzung] 136 f.）。人と関連づけると，*クルト・レヴィン*（*Kurt Lewin*）による段階シェーマにより，次のことが問題となる。

■**解凍**(分析と総合判断の段階):エコロジー的な問題領域やそこから生じる行動の必要性の確認を意味する。
■**変更**(構想の段階):目標や行動計画の定式化および最初の問題解決を通じての変化。これは,場合によっては,さらに進んだ認識を招来する。
■**定着**(実行と統制の段階):専門的なマネジメントにより導出されるエコロジー方策の定着。

　人事管理領域においては,なかんずく**エコロジー志向的な継続教育**のさまざまな方策は定着している(エコロジーの学習)。それらは,環境意識の醸成や普及のために重要である。これに関して,ポジティブもしくはネガティブな性質の特有の刺激,すなわち**エコロジーに規定される経済活動に対するインセンティブ**(Seidel [Anreize])もまた重要である。たとえば,相応の行為をするか否かということが,承認,昇進あるいは報酬に関係づけられ,場合によっては,そのような行為をしないことで,懲戒処分にされることがある。そのうえ,エコロジー志向的な人事政策は人事採用の際に用いられ得るのである。著者が考えるように,「企業は,環境保護に対して平均以上に敏感で批判的な従業員を重要な職務に就けるようにすることが望ましいであろう」(Pfriem [Unternehmenspolitik] 102)。

　ここで言及された環境を意識した経済活動に関する出発点の他に,さらに多くのことを明らかにすることができる。しかし,すでに行われた説明だけでも,次のようなことが認識されるに十分である。すなわち,経営経済学がエコロジー的な問題を取り扱うようになったことは,経営経済学の研究と教育にとってまぎれもなく大きな影響を及ぼしたのであり,さらなる期待が寄せられるのである。

第8章 新制度主義と行動理論的経営経済学

Neuer Institutionalismus und verhaltenstheoretische
Betriebswirtschaftslehre

　グーテンベルクは，シュマーレンバッハと並んで経営経済学の歴史に大きな刺激を与えた人物である。そのことは，彼の著書や講演から明らかな通りである。グーテンベルクは，経営経済学の将来等に関して，3つのセンテンスを示している。それらは，引き続き説明される2つのアプローチへの道標として役立つことになる。3つのセンテンスは次の通りである。
　「経営経済学は今なお非常に若い学問である。それはまだ多くのチャンスを持っている。私は経営経済学がそのようなチャンスを生かすであろうということを確信している」（Gutenberg [Unternehmung] 209）。
　新制度主義も行動理論的経営経済学も，グーテンベルクによって無条件に同意を得られなかったであろうと推察される。ことによると，彼は新制度主義よりも行動理論的アプローチを誤った方向への発展とみなしたかもしれない。なぜならば，新制度主義は方法論的な点において，彼自身の思考とかなり近い関係にあるからである。
　上述のことは推察に過ぎない。しかしながら，包括的に基礎づけられた科学プログラムが問題となっているということは確かである。一方では，それらを対置させることは意味のあることである。というのは，それらが明らかに対立

しているからである。他方では，ひと目で認識できることではないけれども，看過することのできない**共通性**がある。したがって，それらの間に**架橋**することの可能性が問題とされる。両プログラムの初めに行われる記述とそれに続いて行われる対照が，きわめて簡潔なものとなることを前もって述べておかなければならない。とくに，説明が網羅的ではないことは避けられないのである。

第1節　新制度主義
—所有権，取引コストおよび権限委譲関係—

　新制度主義は理論的制度主義，新制度派経済学，新制度経済学とも称されるが，それはある時期から国民経済学においてその地盤を築いていた。すでに，ハンス・アルバートが1977年の論文で**制度派革命**（institutionalistische Revolution）について述べている。この叙述は，経済科学に対する新制度主義の意義を指摘するものとみなすことができる。かなり後になって，新制度派に固有の方法論的および内容的な思考が経営経済学においても取り上げられた。その主唱者は，相当な自覚をもってそれを披瀝したのである。もっとも，それはもっぱらアングロサクソン諸国からの導入について考察したものであって，主としてアメリカの思考が取り上げられたのである。

　新制度主義などの名称は一連の理論的なアプローチの総称であり，それらは2つの重要な共通の性質を有している。第1に，**制度の問題性**が中心的な地位を占めている。すなわち，どのように，いかなる理由から制度（たとえば，企業や法秩序など）が生まれ，それらが，いかように，なぜ（単に経済的のみではない）「関係者」の行動に影響を及ぼすのかということが問われるのである。このような考察様式は，経済学の古典派（アダム・スミス）においても見られる。第2に，**この学派に特有の経済的な世界観**が重要である。このような世界観がアグレッシブに披瀝されることは，**経済帝国主義**が広く話題になっているということから明らかである。これに関しては後述する。その主唱者は，通常はこのような特色づけを平然と受け入れている。それどころか，むしろ，彼ら

は経済帝国主義を名誉な名称であるとさえ考えているのである。なぜなら、その中に適用領域の広さが次第にはっきりしてくるからである。

この学派の主唱者は、とくに、1991年のノーベル経済賞受賞者であるロナルド・コース（Ronald H. Coase），アルチャン（Armen A. Alchian）とデムゼッツ（Harold Demsetz），1993年にノーベル経済学賞を受賞したダグラス・ノース（Douglass C. North）およびオリバー・ウィリアムソン（Oliver E. Williamson）である。また、1986年のノーベル経済学賞受賞者であるブキャナン（James M.Buchanan）やゴードン・タロック（Gordon Tullock），アンソニー・ダウンズ（Anthony Downs）あるいはマンサー・オルソン（Mancur Olson）らの名前も挙げることができる。新制度主義が多数の支持者を獲得したということが、新制度派の知的な魅力を物語っている。このような支持者たちがこの学派の特色を明確化するために努力しているのである。そうこうするうちに、ドイツ語圏で教科書が出版されるようになり、それらが利用できるようになった。（たとえば，Neus［Einführung］；Kräkel［Organisation］を参照）。結局，（アングロサクソン言語圏から輸入された）科学プログラムについて語ることに正当性が認められるのである。

新古典派から新制度派へ

新制度主義は新古典派の理論をさらに発展させたものである。したがって、マルクス経済学やケインズ経済学とは異なって、新古典派理論との完全な決別が意図されるわけではない。それにも拘わらず、制度派革命と称することは正当化されるように思われる。レオン・ワルラス（Léon Walras）らの属する新古典派の「純粋理論」とは異なり、経済主体の行動を誘導する制度が措定される。たとえば、すでに述べられた法秩序、また構造的な規制や規範が明示的に考慮される。その限りにおいて、新古典派の制度的な空白が克服されることとなる。

1937年にコースが明らかにした2つの論文（「企業の本質」）と1960年（「社会的コストの問題」）は、新制度主義の始まりを際立たせるものである。た

だし，これらの論文においては，すでに，今日一般に使われている概念が用いられたり，利用可能であるということはなかった。しかし，やがてこの集合概念に含まれる（少なくとも）3つの重要な**理論群**が確認され得た（Picot [Organisation]）。それらは次の通りである。

- **所有権理論**（プロパティー・ライツ理論）は，主として，コースやアルチャン，デムゼッツに由来するが，それは，経済主体の行動への法的および制度的な規制もしくは制約条件を解明している。好んで適用される経営経済的な分野は，企業体制の経済的な分析である。
- **取引コスト理論**は，経済活動を調整するコストをテーマとしている。この理論は所有権理論と類似したものである，あるいは，所有権理論の適用のための枠組みとなっている。というのは，所有権の委譲が（コストのかさむ）取引を意味するからである。主唱者はウィリアムソンであり，彼は，財ではなく取引に関して，経済分析の基本単位を形成した（[Institutionen] 322）。
- **エージェンシー理論**（プリンシパル・エージェント理論）は，委託者（プリンシパル）と受託者（エージェント）との関係を解明することに寄与する。この理論も根本的には所有権理論と同様に，コースの見解に源を発しているのである。たとえば，所有者と経営者の間の関係（Jensen/Meckling [Firm]），あるいは，上司とその指示に従う協働者の関係とその際に生じるコントロール問題が明らかにされている。

所有権理論

所有権ないしは行為権の例を用いることによって，とりわけ，新制度派が経済分析の対象に対する制度上の規制をどのような方法で形成するかということが明確になる（所有権ないしは行為権は制度的な規制の一部分を担う）。出発点は，経済財の分配および利用が権利形態に決定的に依存するという命題である。それらは以下のものである。

■財を利用する方法に関するもの（Usus）
■財を形式的および実質的に変化させる権利（Abusus）
■財の利用によって生じる利益や損失を先占する権利（Usus fructus）
■財を第三者に売却する権利

　アングロサクソン諸国では，このような権利は**プロパティー・ライツ（Property Rights）**と称される。しかし，それを所有権（Eigentumsrecht）と翻訳することは，その行使よりも法律上の意味での所有権に結び付けられる限り，混乱を招いてしまうことになる。ただし，そのことは必然ではない。むしろ，誰がそれを実際に利用するのか，誰が当該の財を自由に処理することができるのかということが重要である。たとえば，それは，持分をもたない大企業の経営者であるかもしれないし，国民または国家の財産を管理する（政党・各種団体の）役員であるかもしれない。それゆえ，所有権あるいは行為権について議論しているという方がより適切である。
　所有権理論の中心命題は，行為権の配置は財利用の効率を求めた帰結であるということである。その根拠は，権利の利用と常に結び付けられる**取引コスト（Transaktionskosten）**の存在である。また，複数の人間への権利の分配や個々の所有権の利用に対する制限が非効率的な財の利用につながるということが，しばしば出発点とされている。このように考えることには問題がないこともないが，かかる考察様式は，個人が自らの行為の経済的な結果に困惑しているという議論によって根拠づけられるのである（取引コストに関して言うと，それが単に貨幣的な数値で生じるだけではなくて，たとえば，労苦および時間，また，所有権の利用に関して発生する不愉快なこととしても惹起されるということが考慮されなければならない）。
　所有権の理論は，これらのことを少なくとも部分的に解明し，非常に興味深く感じられるのであるが，驚くほど**広い適用範囲**を有している。それは，環境保護の問題やその際に発生する責任問題と同様に，特許権的な問題に関わるの

である(キーワードは外部効果)。しかして,社会福祉および自由意志による制度の両方か一方がどのようにして形成されるかということが解明され得る。また,それと非常に類似しているが,その時々の経済秩序や社会秩序に対する基本的な問いがなされるのである(Schüller [Property Rights] を参照)。次に,経営経済的な問題設定に関して,この理論からいかなることが導出され得るのかということをより詳しく考えることにする。適用例として,**企業体制の形成**が取り上げられる。

企業体制に関しては,経済的な目標設定を伴った制度の**基本秩序**が問題となり,それは国家の憲法に匹敵する。この基本秩序は**所有権構造**とみなされ得るものであり,それに関しては,2つの権利範疇が区別される(Vanberg [Markt] 15 f.; Schanz [Erkennen] 124 ff.)。すなわち,

- 意思決定権または調整権(「誰がさまざまな資源の合目的的な投入についての基本的な意思決定をするのであろうか」)。
- 結果の先占に対する権利(「利益が誰に帰属するか,あるいは,生じた損失を誰が負担しなければならないのであろうか」)。

これらの権利は,法律を通じて部分的に規制される。この場合,ドイツ連邦共和国の規制に関しては,とくに会社法(株式法や商法など)および各種の共同決定法が想起され得る。また,そのような規制は,部分的には契約によって資源提供者(出資者,従業員)間で確定され得るのである(共同意思決定権あるいは成果分配に関する自由意志による協定)。

所有権の観点から,さまざまな制度的な規制の**効率性判断**が関心の的となる。それに関して,資本所有者による権利の「希薄化」が取引コストを高め,そのことによって非効率的になるという考え方が伝統的には優勢である(Furubotn/Pejovich [Economics])。実際,このことは確かに共同決定や意思決定参加の効果に関するきわめて簡略化された解釈を生じさせる。また,その

ような規制の「平和に貢献をする」効果も従業員の勤労意欲を刺激する効果も無視される。そして，次のように推測することができる。すなわち，このような規制が結局のところ，新制度派の理論構造の基礎となっている（それに還元され得る）**行動の仮定**と関連しているのである。

取引コスト理論

　新制度派における第2の理論に関して最も精力的に取り組んだのは，オリバー・ウィリアムソンである。彼により経済分析の中心とみなされた世界は，**契約の世界**または**協定の世界**である（「汝は何者か，汝は単に契約によってのみ存在する」これは，リヒャルト・ヴァーグナーの『ラインの黄金』の中で，巨人ファフナーが神の父であるヴォータンに向けて記名簿の中に書き記しておいたものである）。まず，純粋に法学のテーマとして考えられるものが，確かに経済活動と関わりあうことになる。すなわち，新たな契約および協定の締結も，さらに，その遵守のための監視も，コストなしには為され得ないのである。制度的な規制が支障なく機能する（場合によっては，弁護士がその代わりをする）という一般に承認されている仮定とは異なり，ウィリアムソンはすべての**トラブルに関係する契約**というコンセプトを導入した。たとえば，有効期間の間常に契約相手が明確な理由から当初の内容を変更する，あるいは，その契約から完全に手を引くという予測していなかった事態が生じるということが考えられる。それゆえに，このようなことに対して事前的に防衛策を講じる努力が行われる。必要な場合は，事後的にも新しい交渉が行われなければならない。いかなる場合においても常に**取引コスト**は生じ，それは現代の市場経済において「国民純生産の70〜80％程度」に達しているものと見積もられている（Richter [Institutionen] 5）。

　ウィリアムソンは，取引コストを「摩擦に対する経済的な対応物」と解釈している（Williamson [Institutionen] 1）。この表現は記憶に残りやすい。そして，彼は，新古典派の考えに囚われている研究者を非難した。というのは，実

践において見られる「摩擦現象」を適切に描写するための語彙が彼らには欠如しているからである。それは明らかに，新古典派理論の制度に対する空白状態への当て付けであろう。取引コストについて，2つの類型が区別される。

- **事前的な取引コスト**：これは，草案の作成および必要な交渉との関連において，あるいは，（契約上の）合意事項を守る際に生じる。
- **事後的な取引コスト**：契約が誤った方向に向かうことを修正するために，あるいは，もめごとの解決のために制度を形成するために，事後的に契約が変更される場合に生じる。さらには，契約の貫徹を保障するためのコストという形でも生じる。

取引コスト理論の経営経済学的な適用領域の1つが**企業組織**（Unternehmensorganisation）である。たとえば，ウィリアムソンは「20世紀の最も重要な組織上の改革」すなわち「1920年代における職能部門あるいは事業領域の分化（事業部制）」を取り上げている（Williamson［Institutionen］244）。そして，長い間正確に理解されなかった事象が，結局のところ取引コストを減らすための努力ないしは必要性に還元され得るという結論に達した（ここではより詳細な理由づけには立ち入ることはできない）。一般化すると，「構造の相違は主として取引コストを削減するために生じる」ということになる（Williamson［Institutionen］263）。

さらに，**垂直的統合**が詳細に論じられる。もちろん，それに関しては，ウィリアムソンがこの概念をあまり正確には用いていないということが確認されなければならない。現実に即すると，**製造深度**の問題ないしは**自己生産か外部からの購入か**という意思決定，さらには，他の企業との**提携形態**も問題となる。これらのすべては，上述の取引コスト削減に向けた努力と相互に関連づけられるのである（Williamson［Institutionen］96 ff.）。

このことと関連して，トヨタ生産方式（**リーン生産**と同義）も取り上げられ

る。ウィリアムソンは，以下のようなメルクマールを提示している（Williamson [Institutionen] 136 ff.）。

■ トヨタはすでに早い段階から親密な下請け関係の構築を始めていた。
■ それに関して，親会社，子会社および下請け業者間に「運命共同体」が長期にわたって存在することが初めから強調された。
■ その際，競争的な提供プロセスの懲罰的な作用に重きが置かれ，それによりある供給者のみを利用するという排他的な結びつきが回避される。
■ 下請け業者としては，ほとんどすべての製品をトヨタに売却することにならざるを得ず，その依存関係は彼らの投資の立地特殊性（トヨタの生産拠点から地理的に近い場所への移転）を通じてさらに高められる。

ウィリアムソンの記述は，新制度派が**現実世界を変えようとする性向**を持つことへの注意を喚起させようとするものであった。トヨタ生産方式は，トヨタあるいは日本の他の大企業によって選択された取引コスト節約の形態が可能になったということを意味している。それの成立は，たとえば，日本の文化的な与件を顧慮することによって初めて理解され得る。このことに関して，**経済のグローバル化**がそのような背景の理解をむしろ阻害していたのである。

（取引コスト思考に基づく）企業の成立が「**市場の失敗**」（Coase [Nature]）に還元されるならば，このことは，新制度主義の思想に拘束される「インサイダー」にきわめて大きな刺激を与えるのである。そのことは跡づけることが可能である。しかし，そのような議論は古典派経済学に見られるような具体性と説得力を欠いている。たとえば，アダム・スミスはすでに1776年に，『国富論』の最初のページで，**個々の欲求充足のために分業が好都合である**ということを企業の成立と関連づけたのである。その思考を固く保持することが重要である。われわれは，それについて，行動理論的なアプローチの描写の際に再発見することにしたい。

エージェンシー理論

　新制度派の３つ目の領域はエージェンシー理論であり，それの対象はあらゆる種類の**権限委譲関係**である。抽象的に言うと，委託者／プリンシパルと受託者／エージェントがその関係者であり，所有者と経営者，監査役と取締役，上司と指示系統のつながった部下がその具体例として挙げられる。決して完全なものではないが，このようにエージェンシー状況を考えると，１人の同じ人物がプリンシパルでもあり，また，エージェントでもあり得るということが認識される。たとえば，ある株式会社の取締役は，監査役に対する彼の関係が議論の対象となっている場合は，エージェントとして行動する。それと同時に，彼は企業全体のそれ以外のマネジャーおよび従業員に対しては，プリンシパルとして行動するのである。また，このような関係の中で，**エージェンシーコスト**と称される取引コストが問題となる。もっとも，これらがどのように生じるのかということを認識するためには，いささか長い事前的な考慮を必要とする。

　権限委譲関係は，エージェントにとって有利な結果となるような**非対称的な情報分布**によって特徴づけられるということを前提とする。かかる状況は，次のことから生じる。

- **「隠された特性」**は，プリンシパルにエージェントの特性，たとえば，ある種の能力が知られていないことを意味する。
- **「隠された行動」**は，プリンシパルからエージェントの行動が認識できない，もしくは，少なくともコストをかけずにはそれを認識することができないということである。
- **「隠された目論見」**とは，プリンシパルによって，エージェントの意図が評価されないということを表す。

　このような可能性から，プリンシパルに特有の**リスク**が生じることになる。エージェントの利己的な行為が想定され，プリンシパルはエージェントに騙さ

れ，エージェントが甘い汁を吸うということを覚悟しなければならないのである。たとえば，エージェントが彼の行動の自由裁量の余地を機会主義的に利用することが考えられる。

　プリンシパルは，以上のようなことが生起するということを受け入れ，適切な予防措置を講じなければならない。しかし，すでに述べたように，このことは**エージェンシーコスト**（**Agency-Kosten**）を生じさせることとなる。それらは次の通りである（Jensen/Meckling〔Firm〕308）。

- プリンシパルによる監視コスト。たとえば，それは適切な監視システムの構築ということによって発生する。
- エージェントが負う釈明コスト。たとえば，それは損害賠償あるいは釈明の履行という義務の形で生じる。
- 残余損失。たとえば，これは，エージェントが目標達成に向けて本来ならばポジティブな影響をもたらす行為の実行を断念することから生み出され得る。

　エージェンシーコストによって，いかにしてプリンシパルの権限委譲のリスクが減少させられ得るかという可能性も明らかになる。そのことは，以下のような形成に関連している。

- **情報システム**，**統制システム**および**監視システム**の形成。しかし，このようなコントロールの非生産的な影響の結果としてのエージェンシーコストが非常に増大するという問題が生じる。
- **インセンティブシステム**の形成。これによって，エージェントがプリンシパルの利益のために行動するように動機づけられる。
- **契約**の形成。契約によって，プリンシパルの一定の反対給付（年金支払いの約束など）が何のために，また，いつ支払われるのかということが明示されることになる。

エージェンシー理論が問題解決のためにもたらすものは、いずれも新しいものではない。つまり、このアプローチの中心的な役割は、新しいことの発見にあるというよりは、むしろ周知の事実や形成可能性の**事後的な体系化**にあるように思われる。さらに、エージェンシー理論においては、**現実世界の単純化**が行われることに注意する必要がある。とりわけ、定式化のために用いられる概念装置が経済的に有用であるという理由から、エージェンシー理論が他の**管理論**よりも優れていると仮定されるならば、それは重大な誤りであろう。また、取引コストについて一般化されたように、エージェンシーコストの大きさを具体的な委託者と受託者との関係において測定することは困難であるということを指摘しておく。

新しい専門分野への適用

企業体制や組織構造の形成、製造深度あるいは管理関係の考察、これらは、うまく描写できる経済世界の現象ではある。しかしながら、新制度主義はより広い領域に適用されることを本質的に求めている。このことは、リチャード・マッケンジー（Richard B. McKenzie）とゴードン・タロック（Gordon Tullock）のThe New World of Economics（ドイツ語版の書名はHomo Oeconomicus）においてとくに明白である。また、ゲーリー・ベッカー（Gary S. Becker）による「人間行動の経済学的アプローチ」は同じ方向を目指すものであり、同様に、大胆なタイトルであるが、ブルーノ・フライ（Bruno S. Frey）による『経済学は人間科学である』というものもある。

おそらく新制度派というよりは新古典派に分類されるベッカーは、このような立場はとらない。マッケンジーとタロックのテーマは、愛と性、そして、犯罪、誤魔化しおよび虚偽の経済的側面、さらには、「教授の査定」に基づく大学での評価の実施にまで及ぶ多様なものである。また、家族という制度も経済学的な考察の対象となる。これらは、おそらく教科書のテーマとしては、たとえば性と売春よりも厄介ではないので、ここでは簡潔に述べることにしたい。し

たがって,「男が100マルクをさっさと支払い,彼はわずかな時間女性を自分の思い通りにする。……彼は彼女に花を贈る必要などない」(MaKenzie/Tullock [Homo] 95) というような状況は考察の対象とはされないのである。今も昔も家庭では普通に見られる子供による生産という問題は,経済学的観点からは重要なことである。

　結婚と家族のコストおよび効用の側面について論じた後に,著者たちは,ひたすらこのテーマに邁進する。彼らは,両親の眼からすると「可愛い小さな寵児」であるという配慮ある言葉によってこのテーマの考察を開始するが,すぐに本題に入ることになる。「……しかし,彼らもまた経済財である」(MaKenzie/Tullock [Homo] 143)。子供を育てるには,衣,食,住,教育および職業教育などのコストが必要であるだけではない。それに加えて,いずれ「感情的な苦労や親の費やす時間の価値が子供を育て上げるために使われる (MaKenzie/Tullock [Homo] 145)」ことになる。最終的には,典型的な**機会原価 (Opportunitätskosten)** が考慮に入れられるのである。たとえば母親が「稼げるであろう」報酬を考えると,彼女たちは子供を持たないということになるであろう (MaKenzie/Tullock [Homo] 145)。

　しかし,そのような種類の投資は言うまでもなくコストではなくて,経済的な観点からすると,**効用**を得るために甘受すべき負担である。具体的なケースとしては,次のようなことが考えられる。すなわち,両親の老後の備えに対する手段としての子供たちの重要性が小さくなり,今日では,かつてのような重要性はもはや与えられず,したがって,出生率が低下するという説明が受け入れられているかのように見える。しかし,著者たちは金銭上の事柄だけに意味を与えているのではない。彼らは,非物質的(精神的)なことからも効用が得られることをよく理解しているのである。すなわち,「子供を持つという動機としては,世の人は社会に対するその義務を果たしたい,未知の人を知りたい……という心の深いところにある感情も考えられる (MaKenzie/Tullock [Homo] 144)。」すでに明らかなように,新制度派経済学は少なくとも副文に

おいては，きわめて奥深い人間の問題を取り扱う…。

最後に，新制度主義が**啓発教育に対しても貢献する**ということを，ここではザルツブルグのフェスティバルに関するフライの考察を基にして説明することにしたい(Frey[Ökonomie] 69 ff.)。われわれは，その成果をバイロイト，ブレーゲンツ，ルツェルン，グラインドボーンにも，あるいは，シュレースヴィヒ＝ホルシュタインのフェスティバルにも転用することができる。しかし，**フェスティバルの文化**は ―これが重要なのであるが― 経済分析法によってうまく処理され得るのであろうか。

それに関して，「イェーダーマン」（バイロイトの場合は「職匠歌人」）の芸術的な質は重要ではないということがおのずから理解される。むしろ，文化という環境において生起する，また，明らかにより周期的に生じる（経済的に）**不都合な事態や疑わしいこと**が暴露されるのである。この著者によると，これらは，主として不十分な予算の制約によって惹き起こされている。すなわち，フェスティバルのディレクターがその（財務的な）自由裁量の余地を報酬へと拡大し，したがって，チケットの価格がコストを補償しないという事態が生じる。このことは，ディレクターの効用追求努力に応じるのである。

> 「とりわけ彼らは，低い入場券価格によって「社会に」積極的に参加しているように振る舞い，同時に，その信望が高まることを自慢することができる。その反面，匿名の納税者が負担を強いられるのである。さらに，安く獲得された入場券が，半合法的あるいは非合法的な市場においてきわめて高い価格で転売されることがある。また，ディレクターは，世話になった恩返しとして自分にとって大切な人に入手困難な入場券を届けるのである。」(Frey [Ökonomie] 79)

フェスティバルの事務方は，できるだけ迅速に彼らの効用を高めようとする。すなわち，彼らの行動は売上収入を伴わないのであるが，少なからぬ売上高が

達成されたものとみなすのである。そして，この職員に比較的多額の報酬が支払われ，そのことによって，ディレクターは「彼らの忠誠を確認し，したがって，反対給付が期待され得るし，快適な労働環境が促進される」（Frey [Ökonomie] 80) のである。

経済的な観点からは，芸術家がたとえば抜群の文化的経験の仲介者ではなく，（むしろ共感できない影響を及ぼす）効用の追求者であるとみなされるべきであることは明白である。上で指摘した状況を見てみると，彼らは比較的多くの報酬を当てにしており，また，舞台の「スーパースター」である。彼らは，法外なギャラを要求し，それを押し通し得るのである。その限りでは，**文化の経済学**とはあまり関係がない。このような考察の結果，どのような結論が導き出され得るのかということは，読者の判断に任せても問題はないであろう。

第2節 行動理論的経営経済学
──人間科学的な観点における組織と市場──

意思決定志向およびシステム志向，新制度主義，さらに，エコロジー問題に関する学問の方向づけも，次のことを認識させるものである。すなわち，何のために，また，どのような意味において，われわれは経営経済学の最近の歴史を「門戸開放の歴史」として理解することができるのであろうか（Seidel [Controlling] 309）。このような門戸開放は，行動理論的経営経済学のプログラムに関しても妥当するのである（Schanz [Grundlagen]；[Erkennen]）。そこでは，人間科学への首尾一貫した（すなわち，システム的な）統合が目指される。それは，（とくに）意志を制御する行いである**行為（Handeln）**をも含む**行動の概念（Verhaltensbegriff）**を通じて行われる。したがって，経営経済学（少なくともその基本的な部分）は**特殊な人間科学（spezielle Sozialwissenschaft）**として構想されるのである。

まず，「当該問題」において研究プログラムが重要であるということは明らかであろう。『経営経済学の簡潔な歴史』すなわち本書の著者である私は，比

較的最近の経営経済学において問題があると思われる多くの展開に注目し，それに基づいて長い間研究を行ってきた。しかし，とくに内容的な観点において，多様な展開がいかなることに還元されるかということは未解決のままである。

このことに関して，次々と形成され，行動理論的なプログラムの指導原理と目されるような構造的要素があるが，それらは，ここで問題となっている体系づけへの要求を考慮に入れているのである。すでに明らかにされた特殊な人間科学としての経営経済学という理解に従うと，この学問領域は，経済学に残された合理性原則のような一定の選択という観点による方向づけを通じてではなく，**組織（Organisation）と市場（Markt）**という２つの対象領域を通じて定義される。組織と市場は，人間科学の性格に照応して，本来的に技術的側面だけではなくて「人間の」側面からも考察されるのである。このようにして構想される経営経済学は，同時に，**応用科学でもあり応用志向的な科学でもある**。そして，それは単なる実践への「奉仕者」として理解されるのではなく，批判的・建設的な協力者としてその要求に応えるのである。要約すると，以下のように表される。

> **行動理論的経営経済学**は，特殊な人間科学として理解される。その対象領域は組織と市場である。人間行動についての一般理論を用いて，それは人間的および社会技術的な実情を明らかにしようとするし，その経済的な結果を明示し，また，建設的・批判的に実践を支援しようとする。

行動の理論的経営経済学のシステム構造

以下の叙述は，第２章第１節と第２節において行われた科学プログラムの方法論に関する思考が基礎とされる。とりわけ，そのようなプログラムの根本的な礎石が想起され得る。それらは科学プログラムの**指導理念**とみなされるのである。ここでは，以下のことが重要である。

- 人間に関わる出来事が規則的な経過をたどるという**形而上学的な信念**
- 方法論上の原理という意味における個人主義の**方法論的側面**
- 効用志向または欲求充足の追求という**理論的な中心的観念**
- 組織と市場の形態（および機能）における**実践的ないしは制度的な問題性**
- 自由の確保という**社会哲学または道徳哲学的な側面**

　以下の説明の場合，実践的な関心事したがって4番目の指導理念が関心の中心にあるということに注意しなければならない。言うまでもなく，これは，前後に示されている礎石があまり重要でないということを意味するのではない。経営経済学はそのような指導理念の利用者に過ぎないのではあるが，それらの諸関係は，そのシステム的な関係が分析されて初めて明らかになるのである（詳細については，Schanz [Erkennen] 59 ff.を参照）。

[1] 最初の，したがって，最も根本的な指導理念は，自然の世界のみならず人間の世界における出来事もまた**法則性**（Gesetzmäßigkeit）に従うという信念である。言語的には，それらは法則的な言明ないしは**法則論な仮説**という形で把握される。すでに，われわれはそのことについては知っている。確かに応用科学の枠組みにおいては，まったく見られないか，めったに見られないような例外的なケースについては，法則性の発見は重要ではなく，その分野に固有の問題に対する**応用**が重要なのである。

　強調しておきたいのは，もっぱら（形而上学的な）信念が重要であって，法則的な経過が存在することについての（確かな）知識が重要なのでは決してないということである。このことは，自然科学の領域における理論的な法則性が存在することが理解され，今後もそうであり続けるということによって正当化され得るのである。それに関して，時間を超えて妥当する法則性を熱心に追求せんとした自然科学の研究者のことを強調しようとは思わない。というのは，認識進歩がそれまで確実であると考えられていた

知識を凌駕するからである。それにもかかわらず，認識進歩の推進力は「世界の出来事」が従う法則性の探究なのである。

人間科学または社会科学の領域においては，法則性の存在への形而上学的な信念が，（少なくとも容易には）受け入れられないということが稀ではない。今日決心しなくても，明日にはまったく別のものに変わっているのであろうか。他の文化的領域で，そのことにあまり明るくない観察者に意外の念を起こさせるように見える行動に突然遭遇するであろうか。そのようなことに対する事例は，いくらでも思うままに得ることができる。したがって，何よりもまず，**変わることのない観念**とみなされ得る法則性理念が確かめられることになるのである。

人間の領域における現象の可変性は，この理念を擁護する者による非難からは決して逃げられることができない。言うまでもなく，彼らは，具体的な意思決定形態の背後に，不変の範例または一定の関係が隠れているであろうと考える。まさしく，それが法則性である。そして，彼らは，合理的な戦略のためにそれらを探し求めようとする，あるいは，行動理論的なプログラムの場合のように，説明の枠組みの中でこの理念を応用しようとするのである。これに関しては，たとえば従業員管理あるいは賃金支払いシステムの影響が考えられる。

[2] 第2の指導理念は，人間の領域のいかなる部分において，そのような法則性が見られるかということを暗示するものとして理解され得る。そして，個人行動という領域が明確に示され得るのである。これに関して問題とされる**方法論的個人主義**（methodologischer Individualismus）は，われわれが方法論の側面と関わりあわなければならないということへの注意を喚起する。方法論的個人主義が経済学的な思考の伝統の中で定着していることは，これによって確認することができるのである（第8章第3節を参照）。誤解を避けるために，個人主義が1つの**分析方法**であって，人間の個別的な価値を重視するものではないことに留意すべきである。この方法は，人

間的なプロセスが**個人の行動**に関する法則言明によって説明されること以上のものではないことを明らかにしている。対立する立場が方法論的集団主義であり，これは人間の集合体の中に基本的な行動単位を認めるものである。

さらに，方法論的個人主義者は，単純に，個人の行動や行為が人間的あるいは社会的な真空の中で行われるということを前提とするわけではない。むしろ，彼らは，人間の行動や行為がそれが為される**状況**に決定的に依存することを指摘している。その際，その状況がどのように**解釈される**のかということが問題である。

[3] 上述のような指摘が，内容的・理論的問題への注意を喚起する第3の指導理念を直接的に生じさせる。この理念は人間の**効用志向**または人間の**欲求充足のための努力**に関わるのである。新制度派に関しても生起し得る科学プログラムが問題となっているのであるから，第8章第3節において詳細な議論が行われることになる。そこでは，この指導理念を用いてさまざまなものが取り扱われ得るということが指摘されている。ここで論究される行動理論的経営経済学についてのシステム構造を理解するために，このような立場に対して以下のことが述べられる。すなわち，効用を獲得しようとする努力の内容を個別化する際には，近代的な社会心理学におけるように，さまざまな**モチベーション理論**（Motivationstheorie）がまず援用されるのである。

これに関して，また同時に実践的な指導理念への移行において，**モデル形成**の多くの可能性が現れる。それに際しては，孤立的な抽象化の方法が効力を発揮するのである。そこで強調される意義は，給付関連的な行動および労働満足のモデルを手に入れることであり，これらが**基礎的コンセプト**とみなされ得るのである（Schanz [Personalwirtschaftslehre] 139 ff.）。企業事象に関するそれの意義は明白である。

[4] 第4の指導理念は，経営経済学がその中で本来的な問題解決に貢献し，そ

れゆえに，行動理論的なプログラムの中心にあるような領域に関連する。かかるプログラムは，**制度的な問題性**に関わり，いわゆる**システム形成**に関連するのである。

ここで関心が持たれるシステムについては，一方では**組織**が重要であり，経済学の観点から経済的な目標設定を伴ったものという限定がなされる。他方では，**市場**が視野に入れられる（以下参照）。行為または行動する経済主体に注目するならば，広い意味での**生産者**と**消費者**が問題にされると思われる。経済科学の関心はそれらに集中しているのである。

[5] 最後に掲げられた指導理念によって，次のようなことが考慮に入れられる。企業内の構成員は，多かれ少なかれ**個人の行動の余地**の大きな**制限**と常に結びつけられているのである。それは，個人の自由への欲求を顧慮すると問題のある結果をもたらし得るということである。かかる事態は，社会哲学的ないしは倫理学的な指導理念が取り扱うのであるが，その中心的問題は**自由の確保**である。

個人の自由やその確保について考える場合に，普遍的な自由の欲求のようなものがあるということが前提とされ，個人行動の動機的側面に対する注意が喚起されるのである。そして，少なくともその強さに関して，それを相対化することが適切である。なぜなら，**文化的な要素**の関わっていることが看過されてはならないからである。西欧的・自由主義的な価値によって特色づけられる世界の一部におけるこのような欲求にすでに強調された意義が与えられる。ただし，その根拠については，ここではこれ以上立ち入らないことにする。

個別化された組織というコンセプト（Lawler [Motivation]；Schanz [Organisationsgestaltung] 94 ff.）の例で，個人の自由に対する欲求がいかに考慮され得るかということを説明することができる。具体的には，組織構成員によって必然的に甘受されなければならない**自由を得るための犠牲**—現実に

はそれを前提としなければならない—は可能な限り低く抑えるということが問題となる。構想に関する2つの構成要素が考慮されるのである。それらは以下の如くである。

- 組織の側からは，代替的な制度的配慮（さまざまな労働時間およびキャリアの範例，賃金の支払いに関するカフェテリアシステムなど）が提案されねばならない。
- 組織構成員には，提案された代替案の中から自分自身で選択して決める可能性が認められなければならない。

このプログラムの項目をより詳細にかつ具体的に示すことは，ここでは手に余ることである。実践においては，その実現の際に（常に準備されていたように）完全に個別化された組織の最終目標を視野に入れることではなくて，個別化の具体的な方策によって実践的・段階的に事を進めることが重要なのである（Schanz［Unternehmen］）。

行動理論的経営経済学の対象領域としての組織と市場

説明ならびに形成を意図するような経営経済学の対象領域を確定しようとする場合，このことは選択された制度を特定することによって実現される。すでに述べたように，一方では**組織**が，他方では**市場**が問題とされる。

その際に，経営経済的な観点からは，利益獲得を目指す**経済組織**が最初に取り上げられる。しかし，そのことは，他の制度—官庁，病院あるいは大学など—が同様に経営経済的・行動理論的な分析の対象にはなり得ないということを意味するものではない。第2の制度すなわち市場に関しては，端的に言うと，財およびサービスの交換のための（抽象的な）場所が問題となるのである。そこでは，供給と需要の出会いというプロセスにおいて，特定の価格が形成される。マーケティング論を表面的に考えるだけでも，行動理論的な考察がプロ

セスのよりよい理解とそれの意図的な制御に貢献することが明らかである。

以下において指摘されていることは，何よりもまず，経済的な目的設定を伴う組織と関連している。さらに，前節における説明と結びつけるために，言及された制度がどのくらい理論上の指導理念である欲求充足に向けられた個人の努力と関わりあうべきであろうかということがまずは問われるのである。それに関して，直ちにわれわれが遭遇するのは，組織も市場も欲求充足のための**手段**であるという事実である。欲求充足との関連において，それらには**用具的な価値**が与えられるのである。あるいは，異なる表現で抽象的に言うと，次のようになる。すなわち，組織および市場という経済組織は**報酬の倉庫**とみなすことができる。

このことは多少慣れを要するのであるが，それは，すでに，これらの制度の生成史が明らかにしているのである。まず組織に関して言えば，分業をその本質的なメルクマールとする構成体が問題となる。アダム・スミスが200年以上前にピンの製造の例で具体的に説明しているように，分業からは一定の**効率による利益**を期待することができる（Smith［Wohlstand］）。そのことから個人の欲求充足にとって好都合な結果が生み出され得るのである。制約については，さらに言及されなければならないであろう。経済組織内の構成員であることがこのことを可能にする。

市場の成立もまた，このような事情を背景にして観察されなければならない。このことは，歴史的に最も原初的な形態を一瞥すれば，容易に認識され得るのである。すなわち，（多かれ少なかれ生活に必要な）財を**交換**するために人々は市場に赴く。このような取引の機会を限定する単純な物々交換は，後に間接的な交換形態に取って代わられ，それにより市場はきわめて抽象的な制度になったのである。それに関して，**通貨の生成**にとりわけ重要な意味が与えられる。すなわち，通貨が仲介機能を担うことにより，交換のチャンスが相当に拡大したのである。それにも拘わらず，欲求充足に向けた個人の努力とのかなりの直接的な関連が存在するということが明々白々である。

制度は報酬の倉庫として説明されたが、それは欲求充足に対してプラスの貢献をするだけではない。すなわち、上で述べられた効率による報酬は、別の種類の不利益を甘受することによって贖われることがある。それがどの程度まで考慮に入れられるのかということは、**分業方法の条件**、これとの関連で適用される**構造的な規制**にきわめて強く依存するのである。それは、自由の確保という指導理念と関連している側面であり、そのことは容易に認識することができる。

その際に、上述の構造的規制に関しては、全体的な**組織構造**、すなわちさまざまな領域や部門、グループなどへの企業の分化がまず考えられるべきである。また、組織において適用される**賃金システム**および**給与システム**、そこで遂行される**活動**、**管理スタイル**および**グループ間関係**などに関連して、特定の構造的メルクマールを考察することができる。これらのすべてによって、個人の行動がある意味において誘導されるのである（詳細については、Schanz [Personalwirtschaftslehre]；[Organisationsgestaltung] を参照）。

かかる誘導の影響がどれくらいの大きさであるのかということを、ベルトコンベヤー式の作業の例で明らかにする。その「古典的な」形態においては、厳密に定められた操作手順の持続的な繰り返しが典型的である（これについては、「モダン・タイムズ」でのチャーリー・チャップリンによる印象的でこっけいな描写を参照）。そのように形成された活動からは、個人の欲求充足に対するプラスの貢献が生みだされないということがあまり強調されてはならない。**労働疎外**（Entfremdung von der Arbeit）はほとんど不可避の帰結であって、これは（行動理論的）経営経済学が焦点を合わすべき問題である。

そのようなことは、消極的に受け取られてはならない。すでに説明されたように、科学は、所与の事実についてのみならず、起こり得ることについても情報を提供するのである。ここで議論される事例においては、行動関連的な環境の変動（構造的規制など）によって個人の欲求充足についての可能性が変化させられるということが重要である。その際に上記の事例についての検討を続

けるために，とりわけ個人活動の反復回数の変動が顧慮されなければならない。経営の実践においては，相応のプログラムがとうの昔に構築されている。ジョブローテーション，職務拡大，職務充実あるいはいわゆる半自律的集団のような，さまざまな新しい形での**労働様式**が想起される。これらが労働の人間化に対する貢献とみなされることはきわめて当然のことである。

　このことは，構造的規制の修正可能性が考えられる１つの例にすぎない。同じような思考は，報酬システムや給与システム，昇進の実施，管理スタイルなどについても行われ得る。その際に，視線は単に個人の行動にだけに向けられているのではない。グループあるいは総体としての組織もまた考察対象となり得るのである。その場合は，**準行動（Quasiverhalten）** と称する方がより正確である。これに関しても，いくつかのことを指摘しておきたい。

　まず，**組織目標**が考察されるべきである。意思決定志向的なプログラムは，それに特別な意味を与える（第６章第２節を参照）。読者はそのことを覚えていると思う。それらの定式化は，たとえば経済秩序や社会秩序のような特定の枠組み条件に依存する。さらに考慮すべきことは，とくに大企業において見られる所有と経営との分離である。それは，（新）古典派理論の中でもっぱら予定されていた企業家経営とは異なり，確実に目標が変容しているということを期待させるのである。

　さらに，個人の行動と結びつけられたアプローチによって，**コンフリクトの問題および権力の問題（Konflikt- und Machtfrage）** を取り扱うことが可能になる（Abel［Individualismus］）。これに関して行動理論的なプログラムの光を当てると，たとえば，一方では欲求または価値コンフリクト，他方では利害コンフリクトまたは分配コンフリクトの相違を考慮に入れるということが頭に浮かぶのである。前者は，人間的な事象に関与させられた個人がまさに異なる欲求を満たそうとする，あるいは，さまざまな価値観を持つということから生じる。後者は，個人の欲求充足のための多くの手段が逼迫しているという事実と関連する。このことに関しては，きわめて伝統的な経済学的理念が関わって

いる。実際にコンフリクトが解消されるのか否か，そして，それに関していかなる形態が選択されるのかという問題は，関与する当事者間で権力がどのように配分されているのかということに決定的に依存するのである。

構造的規制のみが行動をコントロールする作用を発揮するのではなくて，**法律，命令，自らが設定する原則あるいは他者が設定する原則**なども行動をコントロールするのである。たとえば，経営組織法あるいは競争制限禁止法，管理原則，従業員・成果参加のシステム，企業文化などがその例である。それらは，プラスあるいはマイナスの刺激または**報酬**として，欲求を充足しようとする個人に対して固有の影響を及ぼす。

最後に，初期の頃から経営経済的な研究と教育の中心であったような領域が，どのようにして行動理論的なプログラムに組み入れられ得るかということに言及しておきたい。そのような領域とは，たとえば，経営計算制度，さまざまな資金調達方法，最適化モデルなどである。それらは，すべて**目標達成のための**（または，より一般的に言うと，個人の欲求充足のための）**方法ないしは手段**とみなされる。それらの目的は，種々の経済主体の情報状況および意思決定の基礎を改善することにある（詳細は，Schanz [Erkennen] 44 ff.を参照）。

とりわけ**行動会計**が示しているように，これらをその**行動作用**についても評価することが適当である。従来の経営経済学において展開されてきたように，同じような思考が他の方法について適用されるのである。これに関して，素描されたプログラムは伝統的な考え方と完全に決別することを意味するのではない。むしろ，必要不可欠な拡張を施すことによって，伝統的な思考が継続され，その結果，われわれは**経営経済的な思考の連続性と非連続性**を結び付けるプログラムを問題とすることができるようになるのである。

もちろん，連続性の思考は過度に使われるべきではないであろう。1つの明確な限界設定が，とくにグーテンベルクによるプログラムに対して行われる。彼の技術的・工学的と言える基本的傾向は，経済事象が人間的な事象の一部であるということを忘れさせるのである。そのことは，行動理論的な経営経済学

がそもそも「技術を等閑に付す」ということを意味するのでは決してない。なぜならば，技術は人間によって創造されたものであり，肯定的であれ否定的であれ，生産者であろうと消費者であろうと，このことからは逃れられないのである。

このことを考慮に入れると，グーテンベルクの概括的な評価も疑わしく思える。彼の評価によると，行動理論的なアプローチは「労働する人間と彼らが企業内で果たす機能の橋渡し」を放棄しているのである。行動理論はもっぱら補助的なものとして役に立つのであり，行動科学的方法になじまない問題は経営経済学の本来の分野に委ねられたままである。まさしく，放棄するということが前提とされているのであり，したがって，経営経済学の対象を決定するという建設的な貢献が問題となっているのではない（Gutenberg [Unternehmung] 48 f.）。

このような評価は（察するところ）1980年代の初め執筆された。それゆえに，グーテンベルクが今日の問題をより細やかに取り上げるであろうということが当然考えられるのである。そのことについては知るべくもない。その限りにおいて，彼のその当時の氷のように冷たい評価について，経営経済学における多元論に賛成する意見表明がこの分野の暫定的なフィギュアヘッドとしての地位を与えなかったということが確認され得るのである。

第3節　2つのアプローチの融合と分離

前の節において，次のことが予告されていた。すなわち，もしかすると，新制度主義と行動理論的経営経済学は初めに思われていたよりも深い関係にあるのかもしれない。それどころか，見通すことのできない共通性が考えられる。そのことに両者の間の**架橋**のための強力な**根拠**をも与えることができよう。換言すると，それは結合と分離ということが顧慮されなければならないということを意味しているのである。後者に関しては，長期にわたって存在しなかった

に違いないことが明確になることを期待させる。これらすべてのことにも拘わらず，この場合も，協調できないものが明確に認識可能である必要がある。

国民経済学の巨匠の遺産

　すでに指摘された共通性に関して考えると，まず，それは，新制度主義と行動理論的経営経済学が活力をもたらす共通の根源を有するということに見られる。すなわち，両者は国民経済学の巨匠の精神から恩恵を受けているのである。それに関しては，とりわけ，アダム・スミス，デイヴィット・ヒューム，ジョン・スチュアート・ミルなどが想起される。

　ハンス・アルバートによる準備的な考察のおかげで，これらの巨匠たちの思考を特色づけている指導理念をまとまった形で示すことが可能となる。さらに，読者は，これらの理念が（部分的にはやや別の形で，また，多少異なった順序で）行動理論的経営経済学の特徴づけに援用されたということを察知するであろう。次のことを示しておきたい（Albert [Handeln] 183 f.)。

■方法論的個人主義
■人間的な事象が（もまた）法則性に従うという命題
■個人の行動が自己の利益を志向すること
■欲求充足のための手段が逼迫しているという形での制約の意義
■制度上の規制，とりわけ法秩序による個人行動の誘導

　これらのことを背景として，次のような新制度主義と行動理論的経営経済学との間の共通性が際立ってくる。

[1]　まず手段の逼迫という事実について，経済科学内部の思考のための中心的な観点が問題となる。ここではそのことを詳細に取り上げる必要はない。かかる観点は，いわばこの分野の基礎となっているのである。さらに，次

のことが確認されなければならない。すなわち，手段が逼迫していることまたは可能性の余地が制限さていることに関して言うと，それは，経済学の問題ではなくて，一般的にみられる**人間的な事実**なのである。

[2] 新制度派の研究者はそれについてあまり意見を述べていないのであるが，人間的な事象が法則性に従うという命題を彼らが少なくとも暗黙裏に共有していることを認めてもよい。このこと自体は，それが明確でない場合でも言えることである。

[3] 方法論的個人主義は，明確に両研究の基礎となっている。

[4] 個人の行動が自己の利益を志向することに関しても，両者の一致は見られる。しかしながら，それはこの理念の具体化を意味しているのではない。このことを心にとめておくことが重要である。ここでは，少なくとも一時的には相容れないことが前提とされなければならず，そのことは，いかなる点に不一致があり，場合によってはそれがいかにして除去されるのかということが再度考えられるべきである。

[5] いろいろな場合に，制度による規制を通じての，または，制度による規制を用いての行動のコントロールが前提とされる。それに関しては，もちろん重点の置かれ方が異なっている。その限りにおいて，両方のアプローチは補完し合うのである。このことは要約すると以下の通りである。

新制度主義と**行動理論的経営経済学**の間には，周辺的な共通性のみが存在するのでは決してない。それどころか，すでに述べられたような密接な関係が前提とされるのである。このことは，両方のプログラムが広範囲にわたって同一の指導理念に基づいているということに起因している。

行動仮定と人間像

上記のことにも拘わらず，少なくとも今日では相容れないことがあり，これ

を見逃すことはできない。それは驚くべきことではない。なぜならば，同一の指導理念がまったく異なって解釈されることがあるからである。当面のケースにおいて，**自己の利益への行動志向**が問題となる。それが行動仮定であり，それの具体的な特徴は明らかに異なって解釈されるのである。

新制度派経済学において，行動の仮定の意義を最も強く自覚しているのはウィリアムソンである。(Williamson [Institutionen] 50)。ウィリアムソンは，そのような仮定の記述にとりわけ大きな価値を認めている。その際に，「操作しやすい」という内容であることが問題となる。「すでに知られているように，人間の本質を特徴づけるために，取引コスト理論は制約された合理性と機会主義を手にした」(Williamson [Institutionen] 50) のである。**制約された合理性**とは次のことを意味する。すなわち，経済主体は自分にとって最も都合のよい行為成果を得ようと努めるのであるが，行動の可能性や行動の結果についての不完備で不十分な情報ということを背景としてこれを行う。端的に言うと，**満足する人という人間像**であり，最大化を目指す人との違いは，満足できる行動成果で折り合いをつけることである (Simon [Entscheidungsverhalten])。それに対して，細かい点での相違を度外視すると，行動理論的な見解から異議が唱えられることはあまりない。

ここでの比較のために，第2の行動仮定が必要とされる。それが**機会主義 (Oppotunismus)** であるが，これにより大きな注意が払われていることが明白である (Williamson [Institutionen] 54)。ウィリアムソンは，以下のように理解している。

> 「機会主義とは，策略の力を借りた自己利益の追求のことである。それは，嘘をつくこと，盗むこと，欺くことのような極端な形を含んでいるが，決してこれらに限定されるものではない。しばしば，詐欺という巧妙な機会主義，不完全なあるいは歪曲された情報伝達，とりわけ，騙す，ねじ曲げる，隠す，偽装する，何らかの形で混乱させるといった意図的な試みに関連するのであ

る。」

ウィリアムソンは，「人間の本質である陰鬱にさせられるような見方が問題となる」(Williamson [Institutionen] 73) とすら述べている。また，彼は，人間が常にこのような意味での機会主義的な行動をするということを決して前提とはしていないのである。しかし，経済主体としては，契約の締結や協定の申し合わせの際に，この可能性を常に考慮に入れることが賢明である。したがって，このことは中心的な問題であるが，「制約された合理性を考慮に入れ，そして，同時に機会主義的な行動のリスクから取引を守る契約システム，制御システムまたは監視システムはいかにして構築されるのであろうか (Williamson [Institutionen] XI)。」

根拠のある，適切に表現された1つの問題は次の如くである。すなわち，経験科学的な要求が真面目に受け取られるならば，自明のことながら，人間の本質であるむしろ陰鬱にさせられるような側面に気づかせる動因が存在する。この側面は，従来の行動理論の枠組みの中では，ことによると十分には考慮されていない（もしそうであったとしても，このことに関しては，未解決のままにしておくことができる）。

しかし，同様に重大な反問が浮かんでくる。すなわち，これらすべてのことを経済学が主題とすることができるのか，またそうすべきであるのか。さらに，ウィリアムソンによる人間像を基礎として，たとえば，個人の給付行動に関する経済学的に疑いの余地のない重要な問題およびこれに関して仮定される個人の労働（不）満足との関係が説明されるのであろうか。これは，新制度派の人間像に関連して想起される多くの問題のうちの1つに過ぎないのである。

時として，その問題に答えるには，健全な人間理解がより好都合であると考えられる。なぜならば，この問題に関しては取引コスト理論も新制度派もいずれも満足すべき情報をもたらすことができないからである。そして，自己利益というきわめて強い形としての機会主義であろうと，「自己利益の素直な追求」

という形においてであろうと（Williamson［Institutionen］56），このような行動仮定は，経済学的な重要性を否定できない多くの諸現象に接近することを明らかに妨げるのである。

そもそも，それが相変わらずの「経済」理論を用いて把握され得るのか否かということは疑わしく思われる。それゆえ，行動理論的な経営経済学の内部においては，**心理学の領域**（社会心理学およびそれから細分化されたものを含めて）に属する理論，とりわけ**モチベーション理論**が援用されるのである。このことは決して経済学の降伏ではなく，古典派の研究において一貫して設定されていた問題の視点であり，それは制度派の空白部分とともに**モチベーション理論の空白部分**をも埋めることを可能にする。これとの関連で，マッケンジーとタロックの示した謙虚さは示唆に富んでいる（Mckenzie/Tullock［Homo］10）。彼らは，**断念することによる問題解決**を提案している。「われわれは，消費者の望みや嗜好を考慮することなしに供給と需要を研究している。しかし，それらは需要行動と大いに関係がある。われわれは，この問題を心理学者に委ね，問題解決を図ろうとする。その理由はきわめて簡単である。われわれが十分な知識を持ち合わせていないからである」。

経済学の古典派による研究において，とくにアダム・スミスの研究「道徳的感情論」（Smith［Gefühle］）の中で，行為のモチベーションの次元に無知であることは決して意図されていなかった。そのことにより詳細に立ち入らなくても，次のことを確認することができる。すなわち，経済主体の行動を経済学的に重要な説明モデルの枠組みの中で適切に把握しようと思うならば，人間による効用追求または彼らの自己利益の追求に関する抽象的な観念について**詳述**することが必要である。より新しいモチベーション理論において，それ相応のアプローチが存在する。それに関して，さらに，このアプローチが経済学的な思考の伝統に近い関係にあるということが考慮されるならば，このことが同時に新制度主義と行動理論的経営経済学の間の架橋に役立つのである。

内容については，**制度派の空白部分を埋めることを通じて認知的・モチベー**

ション的な空白状態の克服を目指して努力することが重要ある。適切と思われる接点は認知的モチベーションの心理学であり，いわゆる**モチベーションの期待理論**がとりわけ重要である。そこでは，目標志向的な行動は，

■ 行為を導く動機
■ 予測される行為の帰結ならびに重要な情報に関する期待

の相互作用の結果であるとみなされるのである。洗練された表現をすると，人間は，たとえば学習心理学の枠内における場合とは異なり，**将来を志向する存在**とみなされるということになる。

　近代的なモチベーション研究の重要な成果および経営経済的な形成問題の論究に関する帰結は，ここでは，キーワードの形でのみ明らかにされ得る（詳細は，Schanz [Erkennen] 91 ff.を参照）。

■ 経済主体の行動に対しては，**動機の多様性**が決定的な役割を果たす。
■ 具体的な動機の明確化に関しては，**個人の類別**が前提とされる（これについては，個別化された組織に関する第8章第2節での説明を参照のこと）。
■ 個人に特有の動機ないしは欲求の強さに関しては，**早い時期の**（すなわち，職業に就く前の）**社会生活の経験**が決定的な決め手となる。
■ 行動に関連する期待は，**行為状況**（また過去の経験および特定のパーソナリティー）に強く依存する。
■ したがって，行動のコントロールまたは誘導は，本源的に**行為状況の変更**に基づいて行われる。

　次のことを補足しておきたい。モチベーション理論は行動理論的な研究の中で一種の**理論の核**（Theoriekern）の役割を果たす。これによって，説明するべき目的や，場合によっては別の行動理論に取り組むことが可能になるのであ

る。そして，**目標志向**の持つ経済的に重要な側面が人間行動において強調され，説明を要する経営経済学的な問題についての多様な手がかりが明らかとなる。これらの点に，理論の核としてのモチベーション理論の際立った意義が認められるのである。

神経科学的な認識の取り込み

　経済主体の動機および期待は，経営経済学的に重要なモデルの展開に関する容易に思いつく出発点である。しかし，人間の行動や行為の特異性や動因に対してさらに根本的な問いを投げかけることが合目的的であることは明らかである。そのことに関して，**近代的な神経科学の援用**が考えられるのである。

　われわれの脳は神経科学の対象であり，**行動を制御する器官**が問題となる。したがって，神経科学の援用には説得力がある。それゆえ，かかる器官の構造とりわけその機能の仕方，また，それの（系統発生のおよび個体発生の）進化に関する知識は，経営経済的な理論やそれに基づく実践的な形成の改善に生産的な刺激を与えることができるのである。若干のことに簡潔に言及することによって，このことを裏付けることができよう。ここでは詳細なことに立ち入ることはできない。

　脳は，その進化の過程において，性能の良い**合理性機構**（Rationalitätsapparat）に成長した。われわれ人間の場合，この機構は，最も著しく発達したのである。しかし，周知のように，伝統的に独自性を目指して慎重に考えられた経済学においては，「合理性」が1つのキーコンセプトであるが，その立場からすると喜ぶのは早過ぎるであろう。すなわち，神経科学的な認識（とりわけ比較的新しいデータ）に基づくと，必然的に冷静な認識が得られるのである。すなわち，伝統的な合理性の観念（同様にその変種のもの）は，完全に一面的であるというだけではなくて，むしろ多くの点でかなり的外れであり，誤解を招きやすい。

　次のような事実に特別の意義が認められる。すなわち，合理性の形成に関して何かが関わっており，それに関して，家政学の2つの姉妹科学はこれまで

見る目がなかったし，現在でもそうである。何かとは**情緒性（Emotionalität）**である。端的には，おそらく次のように言うことができる。すなわち，合理的な意思決定は常に必然的に感情的な要素によって貫かれている（Cytowic [Farben]；Damasio [Irrtum]；LeDoux [Gefühle]）。

近代的な神経科学において情緒性にきわめて強い関心が持たれたことは，根拠のないことではない。その結果が経営経済学にとっても重要であるということは，選択されたいくつかの適用領域を手掛かりにして示され得るが，それには十分な説得力がある。まず第1に，**直感**に重要なマネジメントコンピタンスの地位を与える根拠が存在する（Schanz [Manager] 70 ff.）。直感がとりわけ複雑な意思決定，はるか先の将来に向けた意思決定に関して中心的な役割を果たすからである。その場合に，直感的な能力は，情緒の発生やその加工に決定的に関与するような脳のパーツから大いに恩恵を受けるのである（経験と勘による意思決定や準備なしの意思決定が日常的に話題となるが，それらはこのような方向を示唆している）。

いわゆる**暗黙知**についても事情は同様である。この知識カテゴリーを初めて体系的に示したのはポランニー（Michael Polanyi）であるが（Polanyi [Wissen]），それは，近年において経営経済学的な関心の的となっている（Nonaka/Takeuchi [Organisation]）。なぜならば，有用な資源が問題となっていることが認識されたからである（Thobe [Externalisierung]）。またもや情緒がそのような知識の運搬装置としての役割を果たすのである（Schanz [Wissen] 31 ff.）。それに関しては，(能力，技能および専門的知識という形での)経験によって獲得された情報が部分的に問題となるのであるが，その事実がもっぱら，**比較的高齢の従業員の存在価値**への注意を喚起する。それには，現在と予測可能な将来において大きな実践的な重要性が認められるのである。

情緒的コンピタンスは情緒的知性とも称されるが（Goleman [Intelligenz]），それらを問題とすることによって，マネジメントにとって重要な能力が指摘されることとなる。この場合も，それは，まずはわれわれの感受性の強い脳のお

陰を被っているのである。誰がそれを使えるのかということは，職業生活において，管理者としてであれ，集団またはチームの構成員としてであれ，重大な比較優位を持つのである。それどころか，実際は，その他の能力より上位に位置づけられる**メタコンピテンス（Metakompetenz）**が重要である。それのスケールが，多くのその他の能力がいかに効率的に投入され得るかということを規定する。すなわち，たとえば，マネジャーは，自分の指揮下に置かれている従業員の発する重要性を帯びたシグナルを解釈する術を心得ている場合に，他の条件が変わらない限り，自らの管理職分を改善することができるのである。

　ここで，わずかな事例に基づいて将来を見通すような拡張が明らかにされたが，もしもそのことがテーマとして取り上げられるならば，それによって，経営経済学の研究と教育ならびに経営の実践に有益な刺激がもたらされるということが期待される。最終的には，**学際性への道（Wege zur Interdisziplinarität）**を一貫して歩むということが重要なのである。そのことは数十年にわたって提案されてきたことである。

章

Nachwort

　2006年に出版された事典（Köhler/Küpper/Pfingsten［Betriebswirtschaftslehre］856）において，私は経営経済学研究の4つの傾向を区分した。それは次の通りである。

- 理論的基礎づけの進展を目指す精力的な努力
- 経験的研究の増加
- 国際化の進展
- 研究協力の広まり

　最後に，これらの（納得のゆく）類別を取り上げ，簡潔に説明することにしたい。先に行われた科学プログラムをめぐる叙述との関係は，常にそのようなプログラムにおいて上述の傾向が確認され得る場合に見られるのである。
　前もって述べておくが，最後の点すなわち研究協力の広まりについては，わずかなことをコメントするにとどめている。ここでは，個々の大学あるいは大学間でのいわゆる**エクセレンスクラスター**（**Exzellenzcluster, cluster of excellence**）が研究を実際に促進するか否かということ，すなわち将来のことが明らかにされなければならないのである。そのことから，教育の提供に対していかなる結果が生じるかということは，決して副次的なことではない。ドイツの研究共同体によって促進される**重点プログラム**の形成は珍しいことではない。ただし，（それ相応の理由で）大学教員の一部しかそれに参画していない，

あるいは，参画したいと思っていないのである。しかし，最近，さまざまな利点と関連するようになっているので，おそらく，これに参画しようという機運はますます高まることであろう。

理論的基礎づけを進展させる努力についてのコメント

おおざっぱに言うと，第1の傾向である経営経済学の理論的基礎づけは，すべての人によって歓迎されている。科学の認識目標についての叙述（第2章第1節を参照）を拡大するために，次のことを補足しておきたい。すなわち，当然のことながら，理論の適用は**説明**に限定されるわけではない。そのほかに，**予測も（人間）技術的な点において**有用であり，批判的な観点において意味を持ち得るのである（Schanz［Methodologie］56 ff.）。

すべてのことが，経営経済学的にきわめて重要なのである。したがって，たとえば計画策定の枠内における予測すなわち理論に裏付けられた予言，実践的な形成に関する（人間）科学技術，変更を要する状況および意図されなかった副作用に向けられた批判，これらすべてが経営経済学にとって重要なのである。

期待される理論的基礎づけの進展は，とりわけ新制度派のアプローチ（第8章第1節を参照）のように，**独自の経営経済学的理論**（あるいは独自の経済科学的理論）に集中させられるべきであろうか。私は，もう一度次のことを強調しておきたい。すなわち，新制度派は行動理論に基づいているが，言うまでもなく，この基礎はきわめて限定的である。それに対して，人間科学的な隣接科学の存在に思いを致すならば，理論的な基礎づけの可能性は，それらとの関連において広がるのである。したがって，事実上，経営経済学は理論の**適用者の役割**において考えられなければならない。魅力性の喪失ということが，必然的にそのことと結びついているわけではない。私見によると，それと逆のことが前提とされなければならないのである。なぜならば，「外部から導入された」理論の有意義な適用ということが，知的な意味できわめて挑戦的で満足をもたらす問題となり得るからである。

その他の点では，この問題に対する私の考え方は，ブキャナン（James M Buchanan）が折に触れて推奨していることと符合している。すなわち，経済科学は，「制度的な与件の展開における人間の行為を説明しようとする。……経済学の本質的なテーマは，社会的システムにおける人間の行動を研究することにある」（Buchanan［Wirtschaftswissenschaften］99）。その限りにおいて，ここで示された思考によって，私は偉大な先人と同じ仲間なのである。ただ，次のことが付言されなければならない。すなわち，「制度的な与件の展開における人間の行為」を分析する際に，私の考えでは，「抽象的な行動」への関連づけが行われなければならない。そのことによって，応用科学としての経営経済学という説明が有意義になるということは，1つの副産物である（私の理解するところでは，経営経済学は言うまでもなく実践志向的である）。
　最後に，経営経済学のさらなる理論的基礎づけに関して，その方向も問題となるということが確認されねばならない。それは大いに論争の火種をはらんでいるのである。

経験的研究の意義についてのコメント

　経験的研究の増加が予想されるが，経営経済学における将来の研究の第2の傾向に関する私の評価は，結果としては両面価値的である。まず，経験科学的な理論が現実との整合性の経験的な吟味を必要とするということは，まったく正しい。そのことに関しては（それから導出される，あるいは導出可能な仮説を含む），**制御を要する仮説的推量**が問題となる。それが経験的なテストに耐えるなら，その推量は暫定的に実証されたものとみなされる。それに対して，仮説的推量が実証されないならば，それは誤りであるとみなされるのである（ちなみに，誤っていることについて決定を下すことは著しく困難な場合がある）。
　「研究」が理論に導かれて行われないならば，経験的研究に関する明らかに不快な感情を持つということは当を得ている。時として，そのことは一見しただけで認識できるものではない。なぜならば，引き続き経験的テストによって

吟味される仮説が定式化されることが多いからである。しかしながら，しばしばアドホックに採用される推量が問題となる。それらは，上位に位置づけられる理論との関係が認識できないので，これまで理解されなかった諸現象を明らかにすることには貢献せず，ましてや認識進歩に寄与することができないのである。また，次のことが考慮されなければならない。経験的研究は，普通は，かなりコストがかかるものである。そのことにより，われわれが**正当化問題**に関わらなければならないことが明白である。

　それと同時に，**経験主義**を語るときに，なぜ紛れもなく否定的な不快な響きが入ってくるのかということが明らかとなるであろう。それゆえ，**理論に導かれる経験主義とアドホック経験主義**という2つのものを区別することが有意義であるように思える（Schanz [Empirismus]）。どちらの経験主義が守るに値する唯一のものであるのか。

　経験的研究の実践が批判的な観察者であることは明白である。しかも，それが**方法問題の進展**に寄与することは稀ではない。エコノメトリクス的な方法の見事な集積に関わり合うことはできるのであろうか。今日それは利用できるのであろうか。このことは，まさしく，コンピュータに巨大なデータを蓄積することを招来するのか。方法論的な厳格さが比較的単純に考慮に入れられ得る。他方では，完全に頓挫するのでないとしても，内容的な重要性は明らかに背後に追いやられるのである。

研究の国際化についてのコメント

　研究は国境に縛り付けられるのではない――まったくその逆である。垣根越しに見ると，新しい展望が開かれることがあり，その限りにおいて，それは明らかに意義のあることである。とくに，**理念の交流**という形で遂行されるならば，それは行うに値することである。

　つい最近まで，本当の意味での交流を問題とすることはできなかった。むしろ，研究の国際化はきわめて一面的に行われたのである。すなわち，ドイツの

経営経済学がアングロサクソンの研究成果とくにアメリカの研究成果を採り入れるということが支配的であった。その限りにおいて，**国際化の一方通行**から出発しなければならなかったのである。このことは，新制度派のアプローチの例で明確に読み取ることができる（第8章第1節を参照）。まさしく，もっぱらアメリカの源泉に助けを求めなければならなかったのである。

私にはこのことを不満に思う気持ちはまったくない。場合によっては，アメリカ合衆国における研究環境は国際的に注目される成果を生じさせる。換言すると，それを無視することはできないということである。これに関しては，議論を要しない別の要因が付け加わるのである。私は，見通すことのできる将来において上述の一方通行という状況が変わるとは思わない。とにかく英語は科学の現代的エスペラントなのである。

ただし，アングロサクソン諸国においてドイツの経営経済学がアメリカの経営学を補完する存在でないということが考慮されないままであるならば，今述べられたような一面性が問題となる。「経営経済学」は，意義を失うことなく英語に翻訳され得ないのである。翻訳できる等価値の言葉はまったく存在しない。同様に，アメリカとドイツの大学における教育プログラムは異なっている。私の信じているところによると，経営経済学は，無条件にアングロサクソンの経営学を手本としているのではあるが——そのことは一部では明白である——，その場合に，多くのものを手放しているのである。

アメリカにおいて初期の頃から問題であった**金融危機**が容易に頭に浮かぶ。それは，近年において，計り知れないほどの不利益を惹き起こし，その帰結は，なおかなりの期間にわたって追跡され得るのである。ことによると，それによって触発されたのは，方法的および理論的な手段ならびに怪しげで暗黙裏に示された人間像であったのかもしれない。それらを十分に考えずに適用することは，とんでもない結果をもたらすのである。

経営経済学の知識はただ1つのプログラムに統合され得るか

　簡潔な形で論究された経営経済学的な研究の傾向に続いて，最後に，すべての学問分野を潜在的に含む切り子ガラスのような科学プログラムを手に入れようと努力することが，有意味な目標であるか否かが問われなければならない。すでに説明されたように，これまでそれには成功していないのである。確かに ―少なくとも一瞥した限りでは― かかる努力は魅力的ではある。

　しかし，より詳細に科学理論的な研究を考慮すると，そのような考え方が怪しげで見込みがないということが明白になる。その理由は，原理的なものであるように思える。したがって，特定の個別科学の特質から完全に切り離されたものとなるのである。トーマス・クーンは，『科学革命の構造』の序文および科学理論についての叙述においてこのことを問題にし，興奮を冷ますがごとき結論を得たのである。「科学的研究の基礎を形成するパラダイムは常にすべての問題を解決することができるとは限らない。」「表面的に出現したパラダイムの中には，稀なケースではあるが，研究上の諸問題を取り上げることを止めてしまい，単なる技術のための補助手段と化してしまったものもある」(Kuhn [Struktur] 113)。

　クーンの叙述は，圧倒的に，物理学および化学のような威厳を備えた自然科学に関するものである。経営経済学のように比較的若い学問分野に関しては，それが一層よく妥当すると考えることは許される。しかも，そのことには根拠がある。

　しかし，さらに別のことが顧慮されなければならない。すなわち，経営経済学は，その成立の当初より，きわめて**異質的な成分に基づく学問**である。従来の理解によると，機能的な領域（調達，生産，販売，資金調達など）も制度的な領域（工業，手工業，銀行など多数）ならびに管理的な領域（企業管理，人事，組織，計算制度，コントロール，オペレーションズリサーチなど）も経営経済学の伝統的な問題領域である。それらは，部分的にかなり異なった方法論的な状況に置かれている。この事実を考えるだけでも，1つの科学プログラムにお

いて説得力のある統合を目指すことが有意義であるとは思えない。そのことによって，必然的に経営経済学の知的な魅力が損なわれざるを得ないのである。

文献目録 Literaturhinweise

Abel, Bodo: Machttheoretische Modelle und [Individualismus] als Ansatzpunkte der unternehmungsbezogenen Konfliktforschung. In: Unternehmungsbezogene Konfliktforschung. Hrsg. von Günter Dlugos. Stuttgart 1979, S. 45–67.

Albach, Horst: Allgemeine Betriebswirtschaftslehre. Zum Gedenken an Erich [Gutenberg]. In: Zeitschrift für Betriebswirtschaft (56) 1986, S. 578–613.

Albert, Hans: [Wertfreiheit] als methodisches Prinzip. Zur Frage der Notwendigkeit einer normativen Sozialwissenschaft, in: Erich Topitsch (Hrsg.), Logik der Sozialwissenschaften, 6. Aufl., Köln-Berlin 1970, S. 181–210.

Albert, Hans: [Erkenntnis], Sprache und Wirklichkeit. In: Sprache und Erkenntnis. Festschrift für Gerhard Frey zum 60. Geburtstag. Hrsg. von Bernulf Kanitscheider. Innsbruck 1976, S. 39–53.

Albert, Hans: Individuelles [Handeln] und soziale Steuerung. In: Handlungstheorien interdisziplinär IV. Hrsg. von Hans Lenk. München 1977, S. 177–225.

Albert, Hans: Traktat über rationale [Praxis]. Tübingen 1978.

Alchian, Armen A.: Some Economics of [Property Rights]. In: Il Politico 1965, S. 816–829.

Becker, Gary S.: Der ökonomische [Ansatz] zur Erklärung menschlichen Verhaltens. Tübingen 1982.

Berger, Johannes; Domeyer, Volker; Funder, Maria; Voigt-Weber, Lore: Selbstverwaltete Betriebe in der Marktwirtschaft. Bielefeld 1986.

Berster, Falk: Ökologisch bedachtes [Verhalten] in Wirtschaftsorganisationen. Frankfurt am Main 2002.

Bleicher, Knut: [Betriebswirtschaftslehre]. Disziplinäre Lehre vom Wirtschaften in und zwischen Betrieben oder interdisziplinäre Wissenschaft vom Management? In: Betriebswirtschaftslehre als Management- und Führungslehre. Hrsg. von Rolf Wunderer. 2. Aufl., Stuttgart 1988, S. 109–131.

Buchanan, James M.: Das Verhältnis der [Wirtschaftswissenschaften] zu ihren Nachbardisziplinen. In: R. Jochimsen; H. Knobel (Hrsg.), Gegenstand und Methoden der Nationalökonomie, Köln 1971, S. 88–105.

Bunge, Mario: Scientific [Research II]. The Search for Truth. Heidelberg, Berlin, New York 1967.

Coase, Ronald H.: The [Nature] of the Firm. In: Economica 1937, S. 386–405.

Coase, Ronald H.: The [Problem] of Social Cost. In: Journal of Law and Economics 1960, S. 1–44.

Cytowic, Richard. E.: [Farben] hören, Töne schmecken. Die bizarre Welt der Sinne. München 1996.

Damasio, Antonio R.; Descartes' [Irrtum]. Fühlen, Denken und das menschliche Gehirn. München 1994.

Demsetz, Harold: Toward a Theory of [Property Rights]. In: American Economic Review 1967, S. 347–359.

Dyllick, Thomas: Ökologisch bewusste [Unternehmensführung]. Bausteine einer Konzeption. In: Die Unternehmung (46) 1992, S. 391–413.

Feyerabend, Paul K.: Wider den [Methodenzwang]. Skizze einer anarchistischen Erkenntnistheorie. Frankfurt am Main 1976.

Frese, Erich: Stichwort »Umweltschutz(es), [Organisation] des«. In: Handwörterbuch der Organisation. Hrsg. von Erich Frese. 3. Aufl., Stuttgart 1992, Sp. 2433–2451.

Frey, Bruno S.: [Ökonomie] ist Sozialwissenschaft. Die Anwendung der Ökonomie auf neue Gebiete. München 1990.

Furubotn, Erik G.; Pejovich, Steve: The [Economics] of Property Rights. Cambridge, Mass. 1974.

Goleman, Daniel: Emotionale [Intelligenz]. München-Wien 1996.

Günther, Klaus: Praktische [Umsetzung] des Umweltmanagements – Die umweltorientierte Organisationsentwicklung. In: Ökologisch wirtschaften. Erfahrungen – Strategien – Modelle. Hrsg. von Hans Glauber und Reinhard Pfriem, Frankfurt a. M. 1992, S. 131–142.

Gutenberg, Erich: Zum »[Methodenstreit]«. In: Zeitschrift für handelswissenschaftliche Forschung (5) 1953, S. 327–355.

Gutenberg, Erich: Offene Fragen der [Produktions- und Kostentheorie]. In: Zeitschrift für handelswissenschaftliche Forschung. N.F. (8) 1956, S. 429–449.

Gutenberg, Erich: [Einführung] in die Betriebswirtschaftslehre. Wiesbaden 1975.

Gutenberg, Erich: Grundlagen der Betriebswirtschaftslehre. Bd. I: Die [Produktion]. 24. Aufl., Berlin–Heidelberg–New York 1983; Bd. II: Der [Absatz]. 17. Aufl., Berlin–Heidelberg–New York 1984; Bd. III: Die [Finanzen]. 8. Aufl., Berlin–Heidelberg–New York 1980.

Gutenberg, Erich: Zur Theorie der [Unternehmung]. Schriften und Reden von Erich Gutenberg. Aus dem Nachlass. Hrsg. von Horst Albach. Berlin u.a. 1989.

Heinen, Edmund: Zum [Wissenschaftsprogramm] der entscheidungsorientierten Betriebswirtschaftslehre. In: Zeitschrift für Betriebswirtschaftslehre (39) 1969, S. 207–220.

Heinen, Edmund: Der [entscheidungsorientierte Ansatz] der Betriebswirtschaftslehre. In: Wissenschaftsprogramm und Ausbildungsziele der Betriebswirtschaftslehre. Hrsg. von Gert von Kortzfleisch. Berlin 1971, S. 21–37.

Heinen, Edmund: Die [Zielfunktion] der Unternehmung. In: Zur Theorie der Unternehmung. Festschrift zum 65. Geburtstag von Erich Gutenberg. Hrsg. von Helmut Koch. Wiesbaden 1962, S. 9–71; wiederabgedruckt in: Edmund Heinen: Grundfragen der entscheidungsorientierten Betriebswirtschaftslehre. München 1976, S. 13–93.

Heinen, Edmund: [Grundfragen] der entscheidungsorientierten Betriebswirtschaftslehre. München 1976.

Heinen, Edmund: [Einführung] in die Betriebswirtschaftslehre. 6. Aufl., Wiesbaden 1977.

Heinen, Edmund: [Wandlungen] und Strömungen in der Betriebswirtschaftslehre. In: Integriertes Management. Hrsg. von Gilbert J. B. Probst und Hans Siegwert. Bern–Stuttgart 1985, S. 37–63.

Heinen, Edmund: Art. [Entscheidungstheorie]. In: Gablers Wirtschaftslexikon. 12. Aufl., Wiesbaden 1988, Sp. 1531–1540.

Hettlage, Robert: [Genossenschaftstheorie] und Partizipationsdiskussion. 2. Aufl., Göttingen 1987.

Hundt, Sönke: Zur [Theoriegeschichte] der Betriebswirtschaftslehre. Köln 1977.

Inglehart, Ronald: The Silent [Revolution]. Changing Values and Political Styles among Western Publics. Princeton N.J.1977.

Jehle, Egon: Über [Fortschritt] und Fortschrittskriterien in betriebswirtschaftlichen Theorien. Stuttgart 1973.

Jensen, Michael C.; Meckling, William H.: Theory of the [Firm]. Managerial Behavior, Agency Costs and Ownership Structure. In: Journal of Financial Economics 1976, S. 305–360.

Katterle, Siegfried: Normative und explikative [Betriebswirtschaftslehre]. Göttingen 1964.

Kilger, Wolfgang: Zum wissenschaftlichen Werk Erich [Gutenbergs]. In: Zeitschrift für Betriebswirtschaft (32) 1962, S. 689–692.

Kirsch, Werner: [Entscheidungsprozesse]. 3 Bde., Wiesbaden 1970/71.

Kirsch, Werner: Die Betriebswirtschaftslehre als [Führungslehre]. Erkenntnisperspektiven, Aussagensysteme, wissenschaftlicher Standort. München 1977

Köhler, Richard: Theoretische Systeme der Betriebswirtschaftslehre im Lichte der neueren [Wissenschaftslogik]. Stuttgart 1966.

Köhler, Richard; Küpper, Hans-Ulrich; Pfingsten, Andreas: Stichwort „Betriebswirtschaftslehre". In: Wirtschaftslexikon. Das Wissen der Betriebswirtschaftslehre, Bd. 2, Stuttgart 2006, S. 840–861.

Kräkel, Matthias: [Organisation] und Management. Tübingen 1999.

Kruk, Max; Potthoff, Erich; Sieben, Günter: Eugen [Schmalenbach]. Der Mann – Sein Werk – Die Wirkung. Stuttgart 1984.

Kuhn, Thomas S.: Die [Struktur] wissenschaftlicher Revolutionen. Frankfurt am Main 1967.

Lakatos, Imre: [Falsifikation] und die Methodologie wissenschaftlicher Forschungsprogramme. In: Kritik und Erkenntnisfortschritt. Hrsg. von Imre Lakatos und Alan Musgrave. Braunschweig 1974, S. 89–189.

Lawler, Edward E.: [Motivation] in Work Organizations. Monterey, Cal. 1973.

LeDoux, Joseph: Das Netz der [Gefühle]. Wie Emotionen entstehen. München-Wien 1998.

Lewin, Kurt: Frontiers in [Group Dynamics]. In: Human Relations 1947, S. 4–41 und S. 143–153.

Lorenz, Konrad: Vom [Weltbild] des Verhaltensforschers. Drei Abhandlungen. 11. Aufl., München 1980.

McKenzie, Richard B.; Tullock, Gordon: [Homo] Oeconomicus. Ökonomische Dimensionen des Alltags. Frankfurt am Main–New York 1984.

Mellerowicz, Konrad: Eine neue [Richtung] in der Betriebswirtschaftslehre? In: Zeitschrift für Betriebswirtschaft (22) 1952, S. 145–161.

Moxter, Adolf: Methodologische [Grundfragen] der Betriebswirtschaftslehre. Köln – Opladen 1957.

Neus, Werner: [Einführung] in die Betriebswirtschaftslehre aus institutionenökonomischer Sicht. Tübingen 1998.

Nicklisch, Heinrich: Der Weg aufwärts! [Organisation]. Stuttgart 1920.

Nicklisch, Heinrich: Die [Betriebswirtschaftslehre] im nationalsozialistischen Staat. In: Die Betriebswirtschaft (26) 1933, S. 173–177.

Nonaka, Ikujiro; Takeuchi, Hirotaka: Die [Organisation] des Wissens. Frankfurt a. M.–New York.

Nücke, Heinrich: Betriebswirtschaftliche Probleme deutscher [Arbeiterselbstverwaltungsunternehmen]. Stuttgart 1982.

Pfriem, Reinhard: Ökologische [Unternehmenspolitik]: Ziele, Methoden, Instrumente. In: Ökologisch wirtschaften. Erfahrungen – Strategien – Modelle. Hrsg. von Hans Glauber und Reinhard Pfriem, Frankfurt a. M. 1992, S. 91–113.

Picot, Arnold: Betriebswirtschaftliche [Umweltbeziehungen] und Umweltinformation. Berlin 1977.

Picot, Arnold: Ökonomische Theorien der [Organisation] – ein Uberblick über neuere Ansätze und deren betriebswirtschaftliches Anwendungspotential. In: Betriebswirtschaftslehre und ökonomische Theorien. Hrsg. von Dieter Ortelheide, Bernd Rudolph und Elke Büsselmann, Stuttgart 1991, S. 143–170.

Polanyi, Michael: Implizites [Wissen]. Frankfurt a. M. 1985.

Popper, Karl R.: Logik der [Forschung]. 5. Aufl., Tübingen 1973.

Projektgruppe im WSI: [Grundelemente] einer Arbeitsorientierten Einzelwirtschaftslehre. Ein Beitrag zur politischen Ökonomie der Unternehmung. Köln 1974.

Raffée, Hans: Gegenstand, Methoden und [Konzepte] der Betriebswirtschaftslehre. In: Vahlens Kompendium der Betriebswirtschaftslehre. Band 1. München 1984, S. 1–46.

Richter, Rudolf: [Institutionen] ökonomisch analysiert. Zur jüngeren Entwicklung auf einem Gebiet der Wirtschaftstheorie. Tübingen 1994.

Rieger, Wilhelm: Schmalenbachs Dynamische [Bilanz]. 2. Aufl., Stuttgart 1954.

Rieger, Wilhelm: Einführung in die [Privatwirtschaftslehre]. 3. Aufl., Erlangen 1964.

Schäfer, Erich: [Selbstliquidation] der Betriebswirtschaftslehre? In: Zeitschrift für Betriebswirtschaft (22) 1952, S. 605–615.

Schanz, Günther: Zwei Arten des [Empirismus]. In: Zeitschrift für betriebswirtschaftliche Forschung 1975, S. 307–331.

Schanz, Günther: [Grundlagen] der verhaltenstheoretischen Betriebswirtschaftslehre. Tübingen 1977.

Schanz, Günther: [Erkennen] und Gestalten. Betriebswirtschaftslehre in kritisch-rationaler Absicht. Stuttgart 1988.

Schanz, Günther: [Methodologie] für Betriebswirte. Stuttgart 1988 (2. Auflage der Einführung in die Methodologie der Betriebswirtschaftslehre. Köln 1975).

Schanz, Günther: Die Betriebswirtschaftslehre als Gegenstand kritisch-rationaler [Betrachtungen]. Kommentare und Anregungen. Stuttgart 1990.

Schanz, Günther: [Organisationsgestaltung]. Management von Arbeitsteilung und Koordination. 2. Aufl., München 1994.

Schanz, Günther: Der [Manager] und sein Gehirn. Frankfurt a. M. u. a. 1998.

Schanz, Günther: [Personalwirtschaftslehre]. Lebendige Arbeit in verhaltenswissenschaftlicher Perspektive. 3. Aufl., München 2000.

Schanz, Günther: Das individualisierte [Unternehmen]. München und Mering 2004.

Schanz, Günther: Implizites [Wissen]. München und Mering 2006.

Schmalenbach, Eugen: Über den Weiterbau der [Wirtschaftslehre] der Fabriken. In: Zeitschrift für handelswissenschaftliche Forschung (8) 1913/1914, S. 317–323.

Schmalenbach, Eugen: Die Privatwirtschaftslehre als [Kunstlehre]. In: Zeitschrift für handelswissenschaftliche Forschung (6) 1911/12, S. 304–316. Wiederabgedruckt in: Zeitschrift für betriebswirtschaftliche Forschung, N.F. (22) 1970, S. 490–498.

Schneider, Dieter: Allgemeine [Betriebswirtschaftslehre]. 3. Auflage der »Geschichte betriebswirtschaftlicher Theorie«. München-Wien 1987.

Schüller, Alfred: [Property Rights] und ökonomische Theorie. München 1983.

Schweitzer, Marcell: [Wissenschaftsziele] und Auffassungen in der Betriebswirtschaftslehre. Eine Einführung. In: Auffassungen und Wissenschaftsziele der Betriebswirtschaftslehre. Hrsg. von Marcell Schweitzer. Darmstadt 1978, S. 1–14.

Seidel, Eberhard: Ökologisches [Controlling] – Zur Konzeption einer ökologisch verpflichteten Führung von und in Unternehmen. In: Betriebswirtschaftslehre als Management- und Führungslehre. Hrsg. von Rolf Wunderer. 2. Aufl., Stuttgart 1988. S. 307–322.

Seidel, Eberhard: [Anreize] zu ökologisch verpflichtetem Wirtschaften. In: Anreizsysteme in Wirtschaft und Verwaltung. Hrsg. von Günther Schanz, Stuttgart 1991, S. 171–189.

Seidel, Eberhard; Menn, Heiner: Ökologisch orientierte [Betriebswirtschaft]. Stuttgart – Berlin – Köln – Mainz 1988.

Simon, Herbert A.: [Entscheidungsverhalten] in Organisationen. Landsberg am Lech 1981.

Smith, Adam: Theorie der ethischen [Gefühle]. Frankfurt am Main 1949.

Smith, Adam: Der [Wohlstand] der Nationen. Eine Untersuchung seiner Natur und seiner Ursachen. Aus dem Englischen übertragen und mit einer Würdigung von *H.C. Recktenwald.* München 1974.

Spinner, Helmut F.: Theoretischer [Pluralismus]. Prolegomena zu einer kritizistischen Methodologie und Theorie des Erkenntnisfortschritts. In: Sozialtheorie und soziale Praxis. Eduard Baumgarten zum 70. Geburtstag. Hrsg. von Hans Albert. Meisenheim am Glan 1971, S. 17–41.

Strebel, Heinz: [Umwelt] und Betriebswirtschaft. Die natürliche Umwelt als Gegenstand der Unternehmenspolitik. Berlin 1980.

Thobe, Wiltrud: [Externalisierung] impliziten Wissens. Frankfurt a. M. 2003.

Ulrich, Hans: Die [Unternehmung] als produktives soziales System. 2. Aufl., Bern – Stuttgart 1970.

Ulrich, Hans: Der [systemorientierte Ansatz] in der Betriebswirtschaftslehre. In: Wissenschaftsprogramm und Ausbildungsziele der Betriebswirtschaftslehre. Hrsg. von Gert von Kortzfleisch. Berlin 1971, S. 43–60.

Ulrich, Hans u. a.: Zum [Praxisbezug] einer systemorientierten Betriebswirtschaftslehre. In: Zum Praxisbezug der Betriebswirtschaftslehre in wissenschaftstheoretischer Sicht. Hrsg. von Hans Ulrich. Bern 1976, S. 135–151.

Ulrich, Hans: Die [Betriebswirtschaftslehre] als anwendungsorientierte Sozialwissenschaft. In: Die Führung des Betriebes. Hrsg. von Manfred N. Geist und Richard Köhler. Stuttgart 1981, S. 1–25.

Ulrich, Hans: [Management] – eine unverstandene gesellschaftliche Funktion. In: Mitarbeiterführung und gesellschaftlicher Wandel. Hrsg. von Hans Siegwert und Gilbert J. B. Probst. Bern–Stuttgart 1983, S. 133–152.

Ulrich, Hans: Von der Betriebswirtschaftslehre zur systemorientierten [Managementlehre]. In: Betriebswirtschaftslehre als Management- und Führungslehre. Hrsg. von Rolf Wunderer. 2. Aufl., Stuttgart 1988, S. 173–190.

Ulrich, Peter; Hill, Wilhelm: Wissenschaftstheoretische [Grundlagen] der Betriebswirtschaftslehre. In: Wissenschaftstheoretische Grundfragen der Wirtschaftswissenschaften. Hrsg. von Hans Raffée und Bodo Abel. München 1979, S. 161–190.

Vanberg, Victor: [Markt] und Organisation. Individualistische Sozialtheorie und das Problem korporativen Handelns. Tübingen 1982.

Wächter, Hartmut: Die Arbeitsorientierte Einzelwirtschaftslehre – eine [Herausforderung] an die Betriebswirtschaftslehre. In: WiSt-Wirtschaftswissenschaftliches Studium (5) 1976, S. 310–316.

Weber, Max: Gesammelte Aufsätze zur [Wissenschaftslehre]. Hrsg. von Johannes Winckelmann. 3. Aufl., Tübingen 1968.

Weyermann, Moritz; Schönitz, Hans: [Grundlegung] und Systematik einer wissenschaftlichen Privatwirtschaftslehre und ihre Pflege an Universitäten und Fachhochschulen. Karlsruhe 1912.

Williamson, Oliver E.: Die ökonomischen [Institutionen] des Kapitalismus. Tübingen 1990.

Winter, Georg: Für ein integriertes [System] umweltorientierter Unternehmensführung. In: Ökologisch wirtschaften. Erfahrungen – Strategien – Modelle. Hrsg. von Hans Glauber und Reinhard Pfriem, Frankfurt a. M. 1992, S. 124–130.

人名・事項索引　Personen-und Stichwortverzeichnis

ア行

アルチァン（*Alchian, Armen A.*）……… 105
アルバート（*Albert, Hans*）…… 40, 104, 129
アンチバッズ（*antibads*）………………… 85
暗黙知 …………………………………… 136
意思決定志向的経営経済学 ………………… 60
意思決定論理によるアプローチ ………… 58
ウィリアムソン（*Williamson, Oliver E.*）
　………………………… 105, 109〜, 131, 132
ヴェーバー（*Weber, Max*）…………… 39, 40
ウルリッヒ（*Ulrich, Hans*）…… 4, 45, 66, 67
営利経済原理 ……………………………… 48
エコロジー的な製品ライフサイクル …… 98
エコロジー的なコントローリング
　…………………………………… 96, 97, 100
エージェンシーコスト …………… 112, 113
エージェンシー理論 ………… 106, 112〜
オルソン（*Olson, Mancur*）……………… 105

カ行

科学倫理 …………………………………… 25
科学プログラム …… v, 3, 7, 17〜, 22〜, 45, 51,
　103, 118, 139
科学の目標 ………………………………… 9, 14
科学理論 …………………………………… 7, 18
価値の変化 ………………………………… 89
カルフェラム（*Kalveram, Wilhelm*）…… 40
技術論 ……………………………… 4, 30, 32
協同組合運動 ……………………………… 88
キルシュ（*Kirsch, Werner*）……………… 62
グッズ（*goods*）…………………………… 85
グーテンベルク（*Gutenberg, Erich*）… 4, 30,
　45〜, 48〜, 52〜, 59, 75, 94, 103, 128
クーン（*Kuhn, Thomas S.*）… v, 18, 19, 144
クールノー（*Cournot, Antoine Augustin*）
　………………………………………………… 52

経営共同体 ………………………… 39, 42, 43
経験主義 ………………………………… 142
経済人（*homo oeconomicus*）………… 53, 60
研究の国際化 …………………………… 142
権力 ………………………………………… 61, 62
行動会計 ………………………………… 127
行動理論的経営経済学 ……… 5, 103, 117,
　118, 121, 123, 133
合理性の公準 ……………………………… 54
コース（*Coase, Ronald H.*）………… 105, 106
コンフリクト …………………………… 126

サ行

ザイデル（*Seidel, Eberhard*）…………… 92
サイバネティクス ……………………… 68, 74
サイモン（*Simon, Herbert*）……………… 58
シェーア（*Schär, Friedrich*）…………… 40
自主管理経営 ……………………………… 88
市場の失敗 ……………………………… 111
システム思考 ……………………………… 66
システム理論 ……………………………… 74
指導理念 …… 17, 19, 20, 27, 37, 118, 130, 131
社会哲学 …………………………………… 43
社会の変化 ………………………………… 43
手段の決定 ………………………………… 61
シュマーレンバッハ（*Schmalenbach, Eugen*）
　………………………………… 4, 29〜, 35〜, 103〜
商科大学 …………………………………… 30
所有権 …………………………………… 106
所有権理論 ………………………… 106, 107
循環交代原理 ……………………………… 90
準行動 …………………………………… 126
情緒性 …………………………………… 136
情緒的コンピテンス …………………… 136
神経科学 ………………………………… 135
自律原理 …………………………………… 48

新制度主義 …………………… 5, 103, 104, 128
スミス (*Smith, Adam*) …… 78, 111, 129, 133
生活必要原理 …………………………… 90
生産性関係 ………………… 4, 55, 56, 59
説明項 …………………………………… 12

タ行

代替経済 …………………………… 79, 88
ダウンズ (*Downs, Anthony*) ………… 105
多元主義 ……………………………… 3, 7, 21
タロック (*Tullock, Gordon*) …… 105, 114
知識創造
デムゼッツ (*Demsetz, Harold*) ……… 105
同一性原理 …………………………………… 89
統一賃金原理 ……………………………… 90
ドグマ ……………………………………… 22
ドグマ多元主義 …………………………… 22
取引コスト …………………………… 107, 109
取引コスト理論 ……… 106, 109, 110, 131, 132

ナ行

ニックリッシュ (*Nicklisch, Heinrich*) …… 4, 29, 30, 40〜
人間科学 ……………………… 5, 57, 117
認識論 …………………………………… 7
ノース (*North, Douglass*) ……………… 105

ハ行

ハイネン (*Heinen, Edmund*) ……… 4, 45, 57
バッズ (bads) ………………………………… 85
発見的方法 ……………………………… 20, 87
パラダイム …………………… 18, 22, 49, 56
パレート
  (*Pareto, Vilfredo Federico Damaso*) … 52
被説明項 ………………………………… 12
批判の原理 ……………………………… 24
ビーバー (*Bieber, Horst*) ……………… 91
ヒューム (*Hume, David*) ……………… 129

ファイヤーアーベント
  (*Feyerabend, Paul K.*) ……………… 22
フォン・ベルタランフィ
  (*von Bertalanffy, Ludwig*) ………… 75
ブキャナン (*Buchanan, James M.*)
  …………………………………… 105, 141
フライ (*Frey, Bruno S.*) ………… 114, 116
ブライヒャー (*Bleicher, Knut*) ……… 56
ブラックボックス ……………………… 76
プリンシパル・エージェント関係 …… 106
プロパティー・ライツ理論 …………… 106
ベッカー (*Becker, Gary S.*) …………… 114
ヘンペル＝オッペンハイムの図式 …… 12
方法論 ……………………………… 7, 18, 118
方法論争 ……………………………… 32, 38
方法論的個人主義 ……………… 120, 129

マ行

マッケンジー (*McKenzie, Richard B.*)
  …………………………………………… 114
マネジメント学 ……………………… 68, 72
ミル (*Mill, John Stuart*) ……………… 129
民主主義原理 …………………………… 90
メン (*Menn, Heiner*) …………………… 92
問題解決行動 …………………………… 7

ラ行

ラカトシュ (*Lakatos, Imre*) …………… 18
リーガー (*Rieger, Wilhelm*) ……… 4, 29, 30
リーガー・シュマーレンバッハ論争 …… 38
レヴィン (*Lewin, Kurt*) ……………… 101
労働志向的個別経済学 ………… 4, 79, 80
労働疎外 ………………………………… 125
労働の人間化 ……………………… 84, 126
理念の競合 ……………………………… 23

ワ行

ワルラス (*Walras, Léon*) ……………… 105

訳者あとがき

　本書は，Günther Schanz : *Eine kurze Geschichte der Betriebswirtschaftslehre*, Konstanz und München 2014の邦訳である。

　ゲーテ (Johann Wolfgang von Goethe) は，「学問の歴史はその学問そのものである (Die Geschichte einer Wissenschaft ist die Wissenschaft selbst)」[1]と述べた。ゆえに，学問の本質を理解するためには，その学問の歴史をたどらなければならない。これは経営学においても同様である。

　本書は，タイトルの*Eine kurze Geschichte der Betriebswirtschaftslehre*（経営経済学の簡潔な歴史）からも明らかなように，これまでの経営学，とりわけドイツにおける経営経済学の歴史の概要を著したものである。

　昨今，学問の歴史あるいは学説史を研究することに対して，過去を振り返ることの意義が問われ，不要であるかのような主張も見られる。しかし，それは誤りである。学説史研究が必要ではないと言われるのは，そのような学説史研究が単に過去を振り返ったものに過ぎないからである。現在の問題を解明するために過去を振り返り，歴史を研究しなければならないのである。そして，学問自体の歴史を学ぶのは，その学問の本質を理解するためである。確かに，このような目的を伴わない歴史研究ならびに学説史研究は不要である。本書が，「経営経済学とはいかなる学問であるか」ということを再考するために，経営経済学の歴史を振り返る一助になれば幸いである。

　他方で，ドイツにおける経営経済学の特色として，方法論の確立が挙げられる。周知のように，学問が1つの独立した科学として認められるためには，その方法論的自立は不可欠である。しかし，方法論ならびにそれに基づいた科学

---

1) Johann Wolfgang von Geothe : Zur Farbenlehre, in : Die Schriften zur Naturwissenschaft, vierter Band, Weimar 1995, S. 7. 木村直司『色彩論』筑摩書房, 2001年, 104ページ。

プログラムは，その学問の発展のなかで多くの変遷を経ている。それゆえ，経営学の本質を理解する上では，方法論あるいはそれに基づく科学プログラムの変遷過程を学ばなければならないのである。

　本書は，そのような方法論および科学プログラムを取り上げた上で，それぞれの時代背景の下でそれらの方法論に基づいた科学プログラムを確立した代表的な研究者とその学説を紹介する。そして，現代を代表する学説として，新制度主義に基づく経営経済学と行動理論的な経営経済学を解説する。これらの学説は，それぞれの時代に突然に生まれ出たものではなく，それまでの学説ならびに学説研究を経て生み出されたものである。それゆえ，現在の理論を正しく理解するためには，学説史的な考察が不可避である。ここに，学問の歴史を学ぶこと，ならびに，本書の意義が見出されるのである。

　本訳書の監訳者である深山 明先生（関西学院大学名誉教授）は，40年間勤められた関西学院大学を2017年3月に定年退職された。本書は，深山先生からの長きにわたる指導への御礼として，先生のご退職に合わせて企画し，先生に監訳をお引き受けいただいたものである。この翻訳書を上梓できたのも，出版に際して翻訳を快諾してくださったシャンツ先生のご厚意と深山先生による日頃よりのご指導のおかげである。しかしながら，翻訳に際して自らの力不足を痛感し，本書が満足できるものではないことは訳者自身が熟知している。それゆえ，多くの忌憚ないご意見ならびにご批判を頂戴したい。

　訳者3名は，長きにわたり深山 明先生の指導を受けてきた。とりわけ，関野 賢（近畿大学教授）と小澤優子（神戸学院大学准教授）は，関西学院大学商学部の深山先生のゼミナールで指導を受けてから現在に至るまで，公私にわたり一貫してご指導とご厚情を賜っている。また，柴田 明（香川大学准教授）は，経営経済学研究会や学会等において広くご教導を賜っている。上述したように本書に至らない点が見られ，訳者3名にさらなる勉強が必要であることからも，深山先生によるさらなるご指導をお願いしたい。そして，深山先生の今後のさらなるご健勝とご活躍を心からお祈りし，ここに衷心より感謝の意を捧

げるとともに，さらなる精進を誓いたい。

　訳者3名が所属する経営経済学研究会では，吉田和夫先生（関西学院大学名誉教授，大阪学院大学名誉教授），森 哲彦先生（名古屋市立大学名誉教授），海道ノブチカ先生（関西学院大学名誉教授），瀬見 博先生（関西学院大学教授），牧浦健二先生（近畿大学名誉教授），渡辺敏雄先生（関西学院大学教授）をはじめとする多くの先生にも多大なるご指導とご厚情を賜っている。この場を借りて厚く御礼申し上げるとともに，今後も変わらぬご指導をお願い申し上げる次第である。

　近年，大学の研究環境が厳しい状況の中で，数多くの便宜を図っていただき，快適な研究環境を与えていただいている。関野が所属する近畿大学経営学部の山口忠昭先生（近畿大学経営学部長）をはじめとする諸先生，小澤が所属する神戸学院大学経営学部の田中康介先生（神戸学院大学経営学部長）をはじめとする諸先生，ならびに，柴田が所属する香川大学経済学部の佐藤 忍先生（香川大学経済学部長）をはじめとする諸先生には謝意を申し上げたい。

　なお，森谷周一先生（関西学院大学助教）ならびに岡村俊一郎氏（関西学院大学商学研究科研究員）には，深山 明先生ゼミナールの門下生として校正などにおいてご協力いただいた。ここに謝意を表すとともに，今後のご健筆を祈念する。

　末筆ながら，学術書に対する昨今の厳しい出版環境のなか，本書の出版に快諾してくださり，多くのご配慮とお力添えを賜った㈱中央経済社ホールディングスの山本 継会長ならびに経営編集部の納見伸之編集長にも謝意を表したい。

2018年1月3日

　　　　　　　　　　　　　　　　　　　　　　　　　関野　　賢
　　　　　　　　　　　　　　　　　　　　　　　　　小澤　優子
　　　　　　　　　　　　　　　　　　　　　　　　　柴田　　明

■ 原著者紹介

ギュンター・シャンツ（Günther Schanz）

1943年にポーランドで出生。マンハイムの大学（Universität Mannheim）にて学位ならびに教授資格を取得。1977年にゲッティンゲンの大学（Georg-Augst-Universität Göttingen）の教授となり，2008年3月に同大学を定年退職した。

専門領域は，企業管理，人事経済，組織，経営経済学の方法論など多岐にわたるが，1970年代から経営経済学の行動理論的接近を提唱したことで有名である。人間科学としての経営経済学の構築に尽力した。

■ 監訳者紹介

深山　明（みやま　あきら）

1949年2月　兵庫県に生まれる
1972年3月　関西学院大学商学部卒業
1977年3月　関西学院大学大学院商学研究科博士課程修了
1977年4月　関西学院大学商学部専任講師
1981年4月　関西学院大学商学部助教授
1987年4月　関西学院大学商学部教授
1990年3月　商学博士　関西学院大学
2017年4月　関西学院大学名誉教授

【主要業績】
『企業危機とマネジメント』森山書店，2010年。
『企業危機とコントローリング』関西学院大学出版会，2017年。
『企業者職能論』（訳書）森山書店，2008年。
『経営学の歴史』（編著）中央経済社，2001年。

■ 訳者紹介

関野　賢（せきの　まさる）

1974年9月　大阪府に生まれる
1997年3月　関西学院大学商学部卒業
2002年3月　関西学院大学大学院商学研究科博士課程後期課程単位取得退学
2003年4月　徳島文理大学短期大学部商科専任講師
2004年4月　神戸学院大学経営学部専任講師
2006年4月　神戸学院大学経営学部助教授
2010年4月　近畿大学経営学部准教授
2012年9月　博士（商学）　関西学院大学
2015年4月　近畿大学経営学部教授（現在に至る）

【主要業績】
『経営税務論の展開―投資決定と企業課税―』森山書店，2010年。
「コントローリングと計算価格」『商学論究』（関西学院大学），第64巻第2号，2017年。
『経営学の基本問題』（H. ホルシュ・H. マインヘーベル・S. パウル編著，小澤優子と共訳）中央経済社，2011年。

小澤　優子（おざわ　ゆうこ）

1977年2月　千葉県に生まれる
2000年3月　関西学院大学商学部卒業
2005年3月　関西学院大学大学院商学研究科博士課程後期課程単位取得退学
2007年4月　流通科学大学商学部専任講師
2010年4月　流通科学大学商学部准教授
2011年4月　神戸学院大学経営学部准教授（現在に至る）
2011年9月　博士（商学）　関西学院大学

【主要業績】
「コントローリングの導入と普及」経営学史学会編『経営学の批判力と構想力』（経営学史学会年報 第二十三輯）文眞堂，2016年。
「コントローリングの現状と新展開」『商学論究』（関西学院大学），第64巻第2号，2017年。
『経営学の基本問題』（H. ホルシュ・H. マインヘーベル・S. パウル編著，関野　賢と共訳）中央経済社，2011年。

柴田　明（しばた　あきら）

1978年9月　愛知県に生まれる
2001年3月　名古屋市立大学人文社会学部卒業
2009年3月　慶應義塾大学大学院商学研究科後期博士課程単位取得退学
2009年4月　香川大学経済学部講師
2010年5月　香川大学経済学部准教授（現在に至る）
2011年1月　博士（商学）　慶應義塾大学

【主要業績】
『ドイツ・システム論的経営経済学の研究』中央経済社，2013年。
「ホーマン学派の「秩序倫理」における企業倫理の展開―理論的発展とその実践的意義について―」経営学史学会編『経営学史研究の興亡』（経営学史学会年報 第二十四輯）文眞堂，2017年。
『企業倫理：信頼に投資する』（A. ズーハネク著，岡本丈彦と共訳）同文舘出版，2017年。

経営経済学の歴史

2018年2月20日　第1版第1刷発行
2018年4月20日　第1版第2刷発行

著　者　ギュンター・シャンツ
監訳者　深　山　　　明
訳　者　関　野　　　賢
　　　　小　澤　優　子
　　　　柴　田　　　明
発行者　山　本　　　継
発行所　㈱中央経済社
発売元　㈱中央経済グループ
　　　　パブリッシング

〒101-0051　東京都千代田区神田神保町1-31-2
　　　　電話　03 (3293) 3371（編集代表）
　　　　　　　03 (3293) 3381（営業代表）
　　　　http://www.chuokeizai.co.jp/
印刷／三英印刷㈱
製本／㈲井上製本所

ⓒ 2018
Printed in Japan

＊頁の「欠落」や「順序違い」などがありましたらお取り替えいたしますので発売元までご送付ください。（送料小社負担）
ISBN978-4-502-24751-4　C3034

JCOPY〈出版者著作権管理機構委託出版物〉本書を無断で複写複製（コピー）することは，著作権法上の例外を除き，禁じられています。本書をコピーされる場合は事前に出版者著作権管理機構（JCOPY）の許諾を受けてください。
JCOPY〈http://www.jcopy.or.jp　eメール：info@jcopy.or.jp　電話：03-3513-6969〉